定位理论

中国制造向中国品牌成功转型的关键

历史一再证明，越是革命性的思想，其价值被人们所认识越需要漫长的过程。

自 1972 年，美国最具影响力的营销杂志《广告时代》（*Advertising Age*）刊登"定位时代的到来"（The Positioning Era Cometh）系列文章，使定位理论正式进入世界营销舞台的中央，距今已 41 年。自 1981 年《定位》（*Positioning*）一书在美国正式出版，距今已经 32 年。自 1991 年《定位》首次在中国大陆出版（其时该书名叫《广告攻心战》）距今已经 22 年。然而，时至今日，中国企业对定位理论仍然知之甚少。

表面上，造成这种现状的原因与"定位理论"的出身有关，对于这样一个"舶来品"，很多人还未读几页就迫不及待地讨论所谓"洋理论"在中国市场"水土不服"的问题。其根本原因在于，定位所倡导的观念不仅与中国企业固有思维模式和观念存在巨大的冲突，也与中国企业的标杆——日韩企业的主流思维模式截然相反。由于具有地缘性的优势，以松下、索尼为代表的日韩企业经验一度被认为更适合中国企业。

从营销和战略的角度，我们把美国企业主流的经营哲学称为 A（America）模式，把日本企业主流的经营哲学称为 J（Japan）模式。总体而言，A 模式最为显著的特点就是聚焦，狭窄而深入；J 模式则宽泛而浅显。简单讨论二者的孰优孰劣也许仁者见仁，很难有实质的结果，但如果比较这两种模式典型企业的长期盈利能力，则高下立判。

通过长期跟踪日本企业和美国企业的财务状况，我们发现，典型的 J 模式企业盈利状况都极其糟糕，以下是日本六大电子企业在 1999 ~ 2009 年 10 年间的营业数据：

日立销售收入 84 200 亿美元，亏损 117 亿美元；

松下销售收入 7 340 亿美元，亏损 12 亿美元；

索尼销售收入 6 960 亿美元，税后净利润 80 亿美元，销售净利润率为 1.1%；

东芝销售收入 5 630 亿美元，税后净利润 4 亿美元；

富士通销售收入 4 450 亿美元，亏损 19 亿美元；

三洋销售收入 2 020 亿美元，亏损 36 亿美元。

中国企业普遍的榜样、日本最著名六大电子公司 10 年间的经营没有什么区别。

很显然，营销人员对公司名称、部门名称、品牌名称和模型名称有各种各样的定义，更不用说副品牌、超级大品牌、侧翼品牌和其他各种品牌了。

然而，当你探究潜在顾客的心智时，所有这些差异都将消失。想象一下，一个消费者对他的一位朋友说："你认为这种新的侧翼品牌怎么样？"

"没什么，我宁愿选择延伸品牌或者副品牌。"

人们不会这样谈论，也不会那样考虑。借引格特鲁德·斯泰恩（Gertrude Stein）的话来释义："一个品牌说到底就是一个品牌"。⊖

一个品牌的名称仅仅是心智中的一个词语，虽然它是一个特殊的词语。一个品牌的名称是一个名词，一个专有名词，就像所有专有名词都用大写字母拼写一样。

任何一个专有名词都是一个品牌，不论它属于个人、公司或者组织。巴特哥尼亚（Patagonia）是一条服装产品线的一个品牌名称，但它也是阿根廷和智利的旅游业为激发人们对这个质朴而美丽的地区的旅游兴趣所使用的一个品牌。

费城（Philadelphia）是一个领先奶油乳酪业的品牌名称，但同时也是"兄弟之爱"城市的品牌名称。

品牌并不局限于250万个在美国政府已注册的商标，也不仅仅局限于在世界其他国家注册的数以百万计的名字和标识。

任何专有名词都是一个品牌。你也是一个品牌，而且，如果你想在一生中能够真正成功，你应该将你自己视为一个品牌，并遵循此书中所

⊖ 格特鲁德·斯泰恩是美国女作家，其最出名、最有争议的诗句是《第三朵玫瑰》一书中的"玫瑰说到底就是玫瑰"。——译者注

列出的品牌打造定律。

一个品牌的力量在于它影响购买行为的能力，但包装上的品牌名称和心智中的品牌名称并不等同。

在"7-11"连锁店挑选了一块面包和一夸脱牛奶的顾客，通常完成了对两种品牌产品的选购。然而，在购买者心智中，可能只有很少甚至没有品牌偏好，它仅仅是一夸脱牛奶和一块面包。

然而，同样的顾客在购买半打瓶装的啤酒和一盒香烟时，他很有可能会去寻找一个特定的啤酒品牌和一个特定的香烟品牌。

传统的观念认为，啤酒、香烟与面包、牛奶是有区别的。啤酒和香烟是品牌的购买，而面包和牛奶是常规产品的购买。

这也许在字面上是没错的，但它忽略了一个重要因素。只要遵循品牌打造的定律，你可以在任何品类中都建立起品牌，包括面包和牛奶。一些公司已经这样做了，例如，牛奶品类中的 Lactaid 品牌、豆奶品类中的 Silk 品牌和面包品类中的 Earth Grains 品牌。

如果有一种日用品品类，它就是 H_2O，也就是我们所说的水。在美国，几乎每个人都可以从水龙头中获取干净的水，那么，从商店里购买水就没有必要了，但现实中还是有许多人在商店购买水。

依云（Evian）是一个十分强大的品牌，最近一次我们买了 1.5 升的水，支付了 1.69 美元。同一天，同样以每升来对比，依云的售价比百威啤酒高 20%，比波登（Borden's）牛奶高 40%。这就是品牌的力量。

本书所要做的就是帮助你在业务中运用品牌思维或者掌握"品牌打造"的过程。换句话说，把你的水变成依云，或者把你自己变成下一个比尔·盖茨。目标是远大的，你可能从未达到过比你期望的更高的目标。

定位经典丛书
对美国营销影响巨大的观念

品牌22律

THE 22 IMMUTABLE
LAWS OF BRANDING

［美］　艾·里斯（Al Ries）　著
　　　　劳拉·里斯（Laura Ries）

寿雯◎译

机械工业出版社
CHINA MACHINE PRESS

图书在版编目（CIP）数据

品牌 22 律 /（美）里斯（Ries, A.），（美）里斯（Ries, L.）著；寿雯译 . —北京：机械工业出版社，2013.8（2025.1 重印）
（定位经典丛书）
书名原文：The 22 Immutable Laws of Branding

ISBN 978-7-111-43424-5

Ⅰ. 品… Ⅱ. ①里… ②里… ③寿… Ⅲ. 品牌战略 – 研究 Ⅳ. F272.3

中国版本图书馆 CIP 数据核字（2013）第 161874 号

北京市版权局著作权合同登记　图字：01-2013-4200 号。

Al Ries，Laura Ries. The 22 Immutable Laws of Branding.
ISBN 978-0-06-000773-7

机械工业出版社（北京市西城区百万庄大街 22 号　　邮政编码　100037）
责任编辑：王金强　　　　版式设计：刘永青　　　　插画：罗　曼
北京虎彩文化传播有限公司印刷
2025 年 1 月第 1 版第 27 次印刷
170mm × 242mm · 13 印张
标准书号：ISBN 978-7-111-43424-5
定　　价：59.00 元

客服电话：（010）88361066　68326294

孙子云：先胜而后求战。

商场如战场，而这就是战略的角色。事实上，无论承认与否，今天很多商业界的领先者都忽视战略，而重视战术。对于企业而言，这是极其危险的错误。你要在开战之前认真思考和确定战略，才能赢得战役的胜利。

关于这个课题，我们的书会有所帮助。但是首先要做好准备，接受战略思维方式上的颠覆性改变，因为真正有效的战略常常并不合逻辑。

以商战为例。很多企业经理人认为，胜负见于市场，但事实并非如此。胜负在于潜在顾客的心智，这是定位理论中最基本的概念。

你如何赢得心智？在过去的 40 多年里，这一直是我们唯一的课题。最初我们提出了定位的方法，通过一个定位概念将品牌植入心智；之后我们提出了商战，借助战争法则来思考战略；后来我们发现，除非通过聚焦，对企业和品牌的各个部分进行取舍并集中资源，否则定位往往会沦为一个传播概念。今天我们发现，开创并主导一个品类，令你的品牌成为潜在顾客心智中某一品类的代表，是赢得心智之战的关键。

但是绝大多数公司并没有这么做，以"聚焦"为例，大部分公司都不愿意聚焦，而是想要吸引每个消费者，最终它们选择延伸产品线。每个公司都想要成长，因此逻辑思维就会建议一个品牌扩张到其他品类中，但这并非定位思维。它可能不合逻辑，但我们仍然建议你的品牌保持狭窄的聚焦；如果有其他机会出现，那么推出第二个甚至第三个品牌。

几乎定位理论的每个方面和大多数公司的做法都相反，但事实上很多公司都违背了定位的原则，而恰恰是这些原则才为你在市场上创造机会。模仿竞争对手并不能让你获得胜利。你只有大胆去做不同的事才能取胜。

当然，观念的改变并非一日之功。在美国，定位理论经历了数十年的时间才被企业家广泛接受。最近几年里，我们成立了里斯伙伴中国公司，向中国企业家传播定位理论。我和女儿劳拉几乎每年都应邀到中国做定位理论新成果的演讲，我们还在中国的营销和管理类杂志上开设了长期的专栏，解答企业家们的疑问……这些努力正在发生作用，由此我相信，假以时日，中国企业一定可以创建出真正意义的全球主导品牌。

艾·里斯

成果居然是亏损 108 亿美元，即使是利润率最高的索尼，也远低于银行的贷款利率（日本大企业全仰仗日本政府为刺激经济采取对大企业的高额贴息政策，资金成本极低，才得以维持）。与日本六大电子企业的亏损相对应的是，同期美国 500 强企业平均利润率高达 5.4%，优劣一目了然。由此可见，从更宏观的层面看，日本经济长期低迷的根源远非糟糕的货币政策、金融资产泡沫破灭，而是 J 模式之下实体企业普遍糟糕的盈利水平。

定位理论正由于对美国企业的深远影响，成为 "A 模式背后的理论"。自诞生以来，定位理论经过了四个重要的发展阶段。

20 世纪 70 年代：定位的诞生。"定位"最为重要的贡献是在营销史上指出：营销的竞争是一场关于心智的竞争，营销竞争的终极战场不是工厂也不是市场，而是心智。心智决定市场，也决定营销的成败。

20 世纪 80 年代：营销战。20 世纪 70 年代末期，随着产品的同质化和市场竞争的加剧，艾·里斯和杰克·特劳特发现，企业很难仅通过满足客户需求的方式在营销中获得成功。而里斯早年的从军经历为他们的营销思想带来了启发：从竞争的极端形式——战争中寻找营销战略规律。（实际上，近代战略理论的思想大多源于军事领域，战略一词本身就是军事用语。）1985 年，《商战》（*Market Warfare*）出版，被誉为营销界的"孙子兵法"，其提出的"防御战""进攻战""侧翼战""游击战"四种战略被全球著名商学院广泛采用。

20 世纪 90 年代：聚焦。20 世纪 80 年代末，来自华尔街年复一年的增长压力，迫使美国的大企业纷纷走上多元化发展的道路，期望以增加产品线和服务的方式来实现销售和利润的增长。结果，IBM、通用汽车、GE 等大企业纷纷陷入亏损的泥潭。企业如何获得和保持竞争力？艾·里斯以一个简单的自然现象给出了答案：太阳的能量为激光的数十万倍，但由于分散，变成了人类的皮肤也可以享受的温暖阳光，激光则通过聚焦获得力量，轻松切割坚硬的钻石和钢板。企业和品牌要获得竞争力，唯有聚焦。

21 世纪：开创新品类。2004 年，艾·里斯与劳拉·里斯的著作《品牌的起源》（*The Origin of Brands*）出版。书中指出：自然界为商业界提供了现成模型。品类是商业界的物种，是隐藏在品牌背后的关键力量，消费者"以品类来思考，以品牌来表达"，分化诞生新品类，进化提升新品类的竞争力量。他进一步指出，企业唯一的目的就是开创并主导新品类，苹果公司正是开创并主导新品类取得成功的最佳典范。

经过半个世纪以来不断的发展和完善，定位理论对美国企业以及全球企业产生了深远的影响，成为美国企业的成功之源，乃至成为美国国家竞争力的重要组成部分。

过去 41 年的实践同时证明，在不同文化、体制下，以"定位理论"为基础的 A 模式企业普遍具有良好的长期盈利能力和市场竞争力。

在欧洲，20 世纪 90 年代初，诺基亚公司受"聚焦"思想影响，果断砍掉橡胶、造纸、彩电（当时诺基亚为欧洲第二大彩电品牌）等大部分业务，聚焦于手机品类，仅仅用了短短 10 年时间，就超越百年企业西门子成为欧洲第一大企业。（遗憾的是，诺基亚并未及时吸收定位理论发展的最新成果，把握分化趋势，在智能手机品类推出新品牌，如今陷入新的困境。）

在日本，三大汽车公司在全球范围内取得的成功，其关键正是在发挥日本企业在产品生产方面优势的同时学习了 A 模式的经验。以丰田为例，丰田长期聚焦于汽车领域，不断创新品类，并启用独立新品牌，先后创建了日本中级车代表丰田、日本豪华车代表雷克萨斯、年轻人的汽车品牌赛恩，最近又将混合动力汽车品牌普锐斯独立，这些基于新品类的独立品牌推动丰田成为全球最大的汽车企业。

同属电子行业的两家日本企业任天堂和索尼的例子更能说明问题。索尼具有更高的知名度和品牌影响力，但其业务分散，属于典型的 J 模式企业。任天堂则是典型的 A 模式企业：依靠聚焦于游戏机领域，开创了家庭游戏机品类。尽管任天堂的营业额只有索尼的十几分之一，但其利润率一直远超过索尼。以金融危机前夕的 2007 年为例，索尼销售收入 704 亿美元，利润率 1.7%；任天堂销售收入 43 亿美元，利润率是 22%。当年任天堂股票市值首次超过索尼，一度接近索尼市值的 2 倍，至今仍保持市值上的领先优势。

中国的情况同样如此。

中国家电企业普遍采取 J 模式发展，最后陷入行业性低迷，以海尔最具代表性。海尔以冰箱起家，在"满足顾客需求"理念的引导下，逐步进入黑电、IT、移动通信等数十个领域。根据海尔公布的营业数据估算，海尔的利润率基本在 1% 左右，难怪海尔的董事长张瑞敏感叹"海尔的利润像刀片一样薄"。与之相对应的是，家电企业中典型的 A 模式企业——格力，通过聚焦，在十几年的时间里由一家小企业发展成为中国最大的空调企业，并实现了 5% ~ 6% 的利润率，与全球 A 模式企业的平均水平一致，成为中国家电企业中最赚钱的企业。

实际上，在中国市场，各个行业中发展势头良好、盈利能力稳定的企业和品牌几乎毫无例外都属于 A 模式，如家电企业中的格力、汽车企业中的长城、烟草品牌中的中华、白酒品牌中的茅台和洋河、啤酒中的雪花等。

当前，中国经济正处于极其艰难的转型时期，成败的关键从微观来看，取决于中国企业的经营模式能否实现从产品贸易向品牌经营转变，更进一步看，就是从当前普遍的 J 模式转向 A 模式。从这个意义上讲，对于 A 模式背后的理论——定位理论的学习，是中国企业和企业家们的必修课。

令人欣慰的是，经过 20 多年来著作的传播以及早期实践企业的示范效应，越来越多的中国企业已经投入定位理论的学习和实践之中，并取得了卓越的成果，由此我们相信，假以时日，定位理论也必将成为有史以来对中国营销影响最大的观念。如此，中国经济的成功转型，乃至中华民族的复兴都将成为可能。

张 云

里斯伙伴中国公司总经理

创建世界级品牌的大师忠告

显而易见，这不是一本关于品牌打造的商学院教科书。本书所列的 22 条定律全部源于实践，两位大师不仅创建了影响全球的营销理论，且长期为全球 500 强企业提供品牌战略咨询，帮助诸多默默无闻的企业创建强大的世界级品牌。书中看似简单的定律蕴含了大师多年的实战心得；同时，该书所列的定律起源于当前企业创建品牌过程中的普遍误区，针针见血，发人深省。从某种意义上讲，与其说这是 22 条定律，它更像是两位大师关于创建世界级品牌的 22 条告诫，难怪本书繁体版（台湾）干脆将书名译为《品牌 22 诫》。

尤其需要我们注意和反思的是，作为有着数千年文明的东方古国，中国在创建品牌的历史上一直暗淡失色。中国诞生过很多伟大的发明和伟大的产品，但至今未能诞生出一个真正处于主导地位的世界级品牌。翻开这本书，我们或许可以找到其中的某些原因。因为这本书中所倡导的原则，与一直以来中国企业所普遍采用的打造品牌的方法截然相反，而书中所列的误区在中国企业和品牌身上也比比皆是。

扩张定律所提出的产品线扩张的问题在烟草、白酒、啤酒、饮料等领域十分普遍；家电企业则忽视了延伸定律，海尔、长虹、TCL、格兰仕等以同一品牌进入各种领域，品牌认知模糊，最终陷入价格战的恶性循环。

因为不懂得伙伴定律，张裕错误地发起控诉，希望独占"解百纳"这一通用名，结果反而因为竞争对手的退出，而使张裕失去了做大"解百纳"品类的机会；在几十年前的美国，可口可乐为了独占"可乐"品类，也提起过类似的诉讼，幸运的是，可口可乐并未赢得诉讼，而正是有了百事可乐这样的对手，可乐才得以不断发展成为全球最流行的饮料。

因为不了解公司定律，中粮集团一直热衷于推广"公司品牌"，先是投入巨资宣传"大中粮，无边界"，继而希望树立中粮"产业链，好产品"的形象。事实上，在市场竞争中真正作用于顾客的是品牌，而非企业，中粮集团的这种战略注定难以有效增强品牌的竞争力。

因为不了解命名定律，品牌名在创建品牌过程中的作用普遍没有得到国内企业的重视，诞生了如"东信""首信""上广电"等类似企业名缩写的品牌，起步就扼杀了品牌的发展前景。实际上，日本著名的电子消费品牌索尼在全球的成功，重要原因之一就是修改了原来的名字"东通工"（东京通信工业）。而另一个日本品牌"京瓷"则没有那么幸运，虽然这个品牌具有全球领先的 CDMA 手机技术，但由于"京瓷"对于手机是一个糟糕的名字，使之一直在竞争中处于劣势，"京瓷"CDMA 手机最终不得不黯然退出了中国市场。

因为不懂得颜色定律，最近，联想宣布改变 ThinkPad 品牌坚持了

17 年之久的黑色，推出更年轻的红色，目的是为了使品牌更加年轻，此举是联想推出低端 ThinkPad 之后的又一个糟糕的战略，将进一步破坏品牌的独特性。

两位大师还对以大品牌、主导品牌、产品线延伸战略为特点的品牌建设的东亚模式专门进行了抨击，并从松下、三菱、三井、现代等典型日韩企业光鲜外表背后糟糕的盈利状况来说明这种模式的虚弱，这对长期以日韩企业为榜样和标杆的中国企业而言，颇具警示意义。

值得一提的是，这本不足 10 万言的书，刚一出版就相继名列《纽约时报》《华尔街日报》的畅销书榜，甚至在本书首次出版 10 年之后的 2009 年，仍被美国资深经理人推选为必读的"三大品牌经典之一"。

希望更多的中国企业从《品牌 22 律》中体会创建品牌的真义，踏上创建世界级品牌的正道。

张　云

里斯伙伴中国公司总经理

什么是打造品牌？从商业的角度看，在市场上打造品牌就像在大牧场上搞品牌建设。

一个打造品牌的策划应当能把你的奶牛从同一范围内的其他奶牛中区别出来，即使在同一范围内所有的牛看起来都极为相似。

成功的品牌打造策划是以独特的概念为基础的，它的目的是在潜在顾客的心智中创造一个市场中其他产品所没有的认知。

一个成功的品牌能够引起所有人的兴趣吗？不能。同一个独特的概念无法使一个品牌得到全世界的认同。

然而，拓宽基础、扩大吸引力、延伸产品线等都是市场营销中的流行趋势。试图提高公司市场份额的努力通常也会破坏品牌的力量。

这是销售和打造品牌之间的差别。你能卖出一只售价 100 美元的劳力士（Rolex）手表吗？当然，可能你可以卖出几百万只，同时也提升了劳力士手表的销量。但在长期会对劳力士品牌有什么影响？廉价的劳力士手表最终会扼杀劳力士奢华的品牌。

同一条原则几乎适用于营销的每个方面。短期来讲，传统的营销战略（扩张和产品线延伸）会提升销量，但在长期的运行中它们最终会削弱品牌的力量并使销量下滑。

传统的营销本该基于品牌打造，事实上却是以销售为基础的。营销不是销售。营销是在潜在顾客的心智中建立一个品牌。如果你能建立一个强大的品牌，你就会有一个强大的营销策划。如果你不能建立一个品牌，那么所有的广告、奇特的包装、促销方案、网页设计和公关都无法帮助你达成目标。

营销是打造品牌。这两个概念的关联非常紧密，几乎无法单独视之。此外，一家公司所做的每个努力都是为了品牌的打造，所以不能把营销作为一个单独区隔出来的职能。

营销就是公司在商业中所能做的事情，营销是一家公司的根本目标。这就是为什么每个在公司工作的人都应该关心营销，尤其是要熟谙品牌打造的定律。

如果整个公司是营销部门，那么整个公司就是一个品牌部门。

看起来似乎不太合乎逻辑，但我们认为当营销概念本身变得陈旧时，它将被一个叫作"品牌化"的概念所取代。

加速这种趋势的是销售的下滑。作为一种职业和一项职能，销售就像泰坦尼克号一样缓缓下沉。如今，大多数产品和服务是被买走的，而不是被卖出去的。而打造品牌（即"品牌化"）极大地推动了这一过程。打造品牌向顾客"预售"了产品或服务。品牌化完全是一种更高效的销售商品的方法。

有句古语说："除非卖出某物，否则他一事无成。"现在它正被这样一句口号所代替："除非为某物打造品牌，否则他一事无成。"

在超市或者药店中，各种品牌被排列在货架上。当顾客在不同品牌之间挑选时，大量的购买发生了。然而销售在哪里呢？

销售包含在品牌中。在这个多媒体的时代，作为一件商品必要的保证，口头上的推销已经由它的品牌名所代表，而不再是销售员的个人推荐。

多年来盛行在超市中的现象，如今正流行在营销界。除了化妆品专柜之外，大多数百货商店已经不再雇用店员来销售产品。店员在一段时期内可以帮助提升销量。

越来越多的汽车经销商采用单一价格，拒绝还价的"土星"销售策略。绝大多数书店、药房、床上用品商店都采用自助零售方式，甚至鞋店也在朝这个方向发展。

零售世界正在变成一个巨型的沃尔玛超级中心。产品高高地堆积起来，有序地陈列着，并且有合理的定价，但总是"卖不动"。

全世界的商业正在发生一种革命性的转变：从销售到购买的转变。这种转变由品牌启发，并且被品牌放大、加速。

营销的本质就是在顾客的心智中打造一个品牌。但是，你会问，什么是品牌？

一些经理人认为品牌就是与他们的公司或产品名称相分离的特征和质量。

一位分析师就一家公司成功的营销项目说："他们把他们的名字融入了一个品牌当中。"

他们把他们的名字融入了一个品牌当中？这句话是什么意思呢？实际上，没有任何意义。就字面来说，一家公司与其产品名称和品牌名称

THE 22
IMMUTABLE
LAWS OF
BRANDING

第 1 章

扩 张 定 律
The Law of Expansion

品牌的力量和它所代表的产品数量成反比

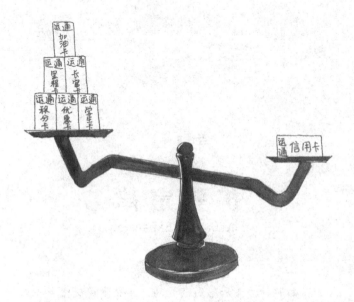

　　扩张产品线在短期内可能会提升销量，但它却和品牌的
建设理念背道而驰。如果你想在消费者的心智中建立起一个
强大的品牌，你就需要收缩你的品牌，而不是扩张它。

想想雪佛兰（Chevrolet），你立刻想到的是什么？

想不出什么吗？这是可以理解的。

雪佛兰是一个大型的、小巧的、便宜的、昂贵的汽车，或者卡车？

当你把你的品牌名字放在每一个产品上时，这个品牌就失去了它的力量。雪佛兰曾经是美国销量最好的汽车品牌，但如今已经不再是了。现在市场上领先的是福特。

再说福特，存在同样的问题。福特和雪佛兰，都曾经是很强大的品牌，现在都在走下坡路，慢慢地滑向灭亡。

购买福特车的人谈论的是金牛（Taurus）、野马（Broncos）、开拓者（Explorer）或卫护者（Escort）品牌。

购买雪佛兰的人谈论的是……唔，他们谈论的是什么？除了克尔维特（Corvette）之外，雪佛兰的产品线上没有什么其他强大的品牌了。因此，雪佛兰有一个品牌认知的问题。

雪佛兰拥有10种独立的汽车车型，福特有8种。这就是福特比雪佛兰卖得好的原因之一。品牌的力量是与其规模成反比的。

为什么雪佛兰在市场上出售那么多的车型？因为它想出售更多的汽车。从短期来看，这确实有效。但在长期内，产品线的扩张会削弱品牌在消费者心智中的力量。

短期与长期是一对矛盾。你会为了在短期内增加销售而扩张产品线，还是会为了提升未来的销量并在消费者心智中创建品牌而消减产品线？

为了推动未来的商品销售，今天你建立品牌了吗？还是就为了推动今天的商品销售去扩张品牌，然后看着它的销量日后下滑？

大多数公司都把重点放在了短期，产品线的扩张、品牌的延伸、多种多样的定价，以及一系列其他复杂的营销技术都被用来稀释品牌，而不是建设品牌。稀释品牌可能会让你在短期内盈利，但在长期内它会削弱品牌的力量，直到它不再代表任何东西。

雪佛兰在汽车行业中的做法，美国运通公司（American Express）在信用卡行业中也照做了。美国运通曾经是最好、最有威望的信用卡，会员可以得到很多优惠。之后，它开始发行新卡、推出新服务来扩张它的产品线，以增加市场份额。美国运通的目标就是成为一个金融超级市场。

举个例子，在 1988 年，美国运通的信用卡种类不多，但拥有27% 的市场。随后它开始发行一系列的新卡，包括长官卡、学生卡、里程积分会员卡、积优卡、积优金奖回报卡、达美飞行里程积优卡（Delta Skymiles Optima）、积优真雅士卡、积优高尔夫手卡、采购卡，以及公司主管卡等。依照 CEO 的意图，公司的目标是在一年内发行 12 ~ 15 种新卡。

美国运通今天的市场份额是 18%。

蓝色牛仔服装行业中的李维斯（Levi Strauss）也用了同样

的方法。为了获得更高的市场份额，李维斯推出了许多不同的风格和尺寸，包括多袋的、镶拉链的和腿部宽松的牛仔裤。每一款式样的牛仔裤有 27 种不同的尺寸。如果你从货架上找不到一条适合自己的牛仔裤，李维斯公司甚至会为你量身定做一条。然而，过去的 7 年里，该公司粗斜纹棉布牛仔的市场份额从 31% 下降至 19%。

宝洁公司在牙膏产品上也用了同样的方法。当我们为佳洁士提供咨询服务时，营销部经理就问我们："佳洁士拥有 38 个单品（SKU），你们认为是太多了还是太少了？"

"你口中有多少颗牙齿？"我们问。

"32 颗。"

"牙膏的单品不应该比一个人口中的牙齿还多。"我们答道。

当我们被问及这个问题时，佳洁士拥有 36% 的市场份额。今天，这个品牌的单品已经超过了 50 个，但是品牌的市场份额降至 25%。并不奇怪，佳洁士已经把它的领先地位让给了高露洁。

许多公司竭力通过采用主导品牌、超级品牌、大品牌概念来证明产品线扩张的正确性。

■ 雪佛兰是大品牌，而 Camaro、Caprice、Cavalier、克尔维特、鲁米那（Lumina）、Malibu、Metro、蒙特卡洛（Monte Carlo）、普林斯（Prizm）是独立品牌。

■ 庞蒂亚克（Pontiac）是大品牌，而 Bonneville、火鸟（Firebird）、

格兰丹姆（Grand Am）、格兰瑞斯（Grand Prix）、太阳火（Sunfire）是独立品牌。

■ "老爷车"（Oldmobile，奥兹莫比尔）是大品牌，而 Achieva、Aurora、西拉（Ciera）、超级短箭（Cutlass Supreme）、激情（Intrigue）、88（Eighty Eight）、98（Ninety Eight）是独立品牌。

但是，消费者并不这样认为。大多数人都会为每一件商品指定一个品牌，而他们在指定这种名称时是不一致的。顾客更愿意采用最能体现产品特质的名称，它可能是大品牌名称，可能是模型名称，或者一个绰号。

鲁米那的车主说："我开的是雪佛兰。"而克尔维特的车主会说："我开的是维特。"

在消费者的心目中有成千上万个极小的跷跷板，而且就像他们生活中的对照物，两边不能同时上来。在雪佛兰和鲁米那上下摇摆的较量中，雪佛兰那边占了上风，所以车主会说："我开的是雪佛兰。"在雪佛兰和克尔维特上下摇摆的较量中，克尔维特占了上风，所以车主会说："我开的是维特。"

营销工作人员不断推进的品牌策划总是与人们对这个品牌的期望认知相冲突。消费者希望品牌的范围窄一些，并且通过一个简单的词区分开来，越简短越好。

但是营销人员在努力使其产品区别于市场上的类似其他产品

时，可笑地推出下列品牌名称：

■ 凡士林（Vaseline）强力美白护理液

■ 露得清（Neutrogena）无油粉刺清洗剂

■ 吉列（Gillette）清馨止汗胶囊

■ 强生可伶可俐（John's Clean & Clear）无油泡沫洁面霜

■ 圣乔斯夫（St. Joseph）不含阿司匹林的成人药片

■ 舒洁（Kleenex）超级干爽婴儿尿布

■ 鲜果布衣（Fruit of the Loom）清洁剂

■ 哈雷–戴维森（Harley-Davidson）醒酒器

■ 亨氏（Heinz）全天然净化醋

营销人员经常将品牌的力量与品牌所产生的销售额混为一谈。但是，销售额并不仅仅依靠品牌力量的作用，它也是品牌在竞争中优势或劣势的综合体现。

如果你的竞争力很弱或根本没有竞争力，你通常会通过削弱品牌来提升销量。也就是说，通过把品牌扩张到更多的市场领域中以扩大销售。因此你得出了结论，是产品线延伸起了作用。

这种结果所能证明的只能是竞争对手的虚弱。当可口可乐推出健怡可乐（Diet Coke）时，并没有损失什么，因为其竞争对手（百事可乐）也推出了一种名叫轻怡百事可乐（Diet Pepsi）的延伸产品。

　　扩张产品线在短期内可能会提升销量，但它却和品牌的建设理念背道而驰。如果你想在消费者的心智中建立起一个强大的品牌，你就需要收缩你的品牌，而不是扩张它。

　　从长期来看，扩张你的品牌会削弱你的力量，并且弱化你的认知。

THE 22
IMMUTABLE
LAWS OF
BRANDING

第 2 章

收缩定律
The Law of Contraction

收缩焦点，你的品牌才会更强大

当你收缩你的品牌，而不是扩张品牌时，就会出现好的
局面。

美国的每一个小城镇都会有一家咖啡店。在一些大城市和城镇上，你会发现每隔一个街区就会有一家咖啡店。

那么，在一家咖啡店里你会发现有哪些吃的呢？各种各样：早餐、午餐、晚餐，烙饼、松饼、热狗、汉堡包、三明治、馅饼、冰淇淋，当然还有咖啡。

霍华德·舒尔茨（Howard Schultz）做了些什么呢？凭借着一股难以置信的商业创造力，他开了一家咖啡专营店。换句话说，他收缩了焦点。

现在，舒尔茨创建的星巴克（Starbucks），是一家快速增长的连锁店，每年业务价值达到数亿美元。他的公司——星巴克，在股票市场上的价值超过87亿美元，而舒尔茨本人持有大量股票。

美国每一个小城镇都有一家熟食店。在一些比较大的城市和城镇中，你可以在每个街区找到熟食店。

那么，在熟食店里你可以吃到些什么呢？有很多：汤、沙拉、热的或冷的三明治、三种烤牛肉、四种火腿、五种乳酪；硬圈、软圈、三种泡菜、四种面包、五种面包圈；薯片、椒盐卷饼、玉米薄片；松饼、油炸圈饼、小甜饼、糕点、糖果棒、冰淇淋、冷冻酸乳饼；啤酒、苏打、水、咖啡、茶和其他各种类型的软饮料；另外还有报纸、香烟、彩票。每一家体面的熟食店都因其拥有各种食物而骄傲。

弗雷德·德鲁卡（Fred Deluca）又做了些什么呢？他把他的焦点集中于一种三明治——潜艇三明治（Submarine Sandwich）。

当你收缩你的品牌而不是扩张它时，好的情势就会出现。在德鲁卡的案例中，最出奇制胜的地方就来自品牌的名称。

弗雷德·德鲁卡将他的连锁店称为赛百味（Subway）。对一家只出售潜艇三明治的店铺而言，这是每个消费者都能记住的名字。

第二个明智之举与其运作有关。当你只做潜艇三明治时，你就能制作出很好的潜艇三明治。

平均而言，麦当劳（McDonald's）的菜单上有 60 ~ 70 个名目。一半的员工是十几岁的青少年，还不够大或没有成熟到足以应付现在复杂的操作。而且人们也想知道为什么食物和服务都不及他们以前只提供汉堡包、薯条和软饮料的时候（最初麦当劳的菜单上只有 11 个名目，包括了各种样式和各种口味）。

赛百味已经成为美国第八大快餐食品连锁店。这家公司在全球拥有超过 13 000 家分店。赛百味是一家私人公司，我们无法得知其利润是多少，但是我们知道弗雷德·德鲁卡已经支付给自己多少薪水（在一次法律诉讼中，他被迫披露了他的薪金）。

在 1990 年，弗雷德·德鲁卡付给自己 2 700 万美元，在 1991 年是 3 200 万美元，在 1992 年是 4 200 万美元，1993 年是 5 400 万美元，1994 年是 6 000 万美元。制作潜艇三明治确实可以赚很多钱。

查尔斯·拉扎勒斯（Charles Lazarus）拥有一家名为儿童超级市场（Children's Supermarket）的商店，那里出售两种东西：儿童的家具和玩具，但是他想发展。

传统的发展方法是什么呢？增加更多的产品来卖。他可以为他的商店增加自行车、婴儿食品、尿布和儿童服装，但他没有。

恰恰相反，拉扎勒斯放弃了家具业务，而聚焦于玩具。

当你收缩你的品牌，而不是扩张品牌时，好的事情就会发生。首先，他用更多的玩具填满了店里一半的空地方，给购买者提供了更大的选择空间和更充分的光顾本店的理由。于是，拉扎勒斯将他的商店改名为玩具反斗城（Toys "Я" Us），取代了原先"儿童超级市场"的名字。

今天，在美国售出的所有玩具中，有20%来自玩具反斗城，而且，其连锁店已成为零售业中的专业店，或者说品类杀手的典范。家得宝（Home Depot）专营家居商品，盖普（Gap）出售日常休闲服装，利明特（The Limited）出售妇女职业装，维多利亚的秘密（Victoria's Secret）出售女性内衣，宠物玛特（PetsMart）出售宠物用品，轰动影碟（Blickbuster Video）提供影碟租售，美国坎普（CompUSA）提供电脑服务，脚锁（Foot Locker）提供运动鞋服务。

当你收缩你的品牌，而不是扩张业务时，就会出现好的局面。大多数的零售品类的杀手都沿用了下列5个步骤的模式。

（1）收缩焦点。一个强大的品牌设计程序通常是由收缩品种开始的，而不是扩张它。

（2）集中存货。一家典型的玩具反斗城经营着10 000种玩具，而即使在一个大型的百货店里也只有 3 000 种玩具。

（3）便宜的采购价格。玩具反斗城通过买断玩具而不是推销玩具来赚钱。

（4）便宜的销售价格。当你的进价便宜时，你就可以以便宜的售价出售，而且仍然保持了良好的利润。

（5）主导某一品类。任何打造品牌策划的最终目标是主导一个品类。

当你主导某一品类时，你就会变得特别强大。微软（Microsoft）拥有全球市场上台式电脑操作系统 90% 的份额，英特尔（Intel）拥有全球微处理器市场 80% 的份额，可口可乐拥有全球可乐市场 70% 的份额。为了主导一个品类，你必须收缩品牌的焦点。

那么，为什么很少有营销人员想要收缩他们的品牌？为什么大多数的营销人员想要扩张他们的品牌？因为人们看到了成功的公司并被误导。他们认为公司的成功是因为它们正在扩张（例如，星巴克最近正忙于进军从冰淇淋到瓶装饮料再到茶的每个领域）。

但是，让我们在你身上聚焦片刻。假设你真的想变得富有。现在问问你自己：我能够靠从事已经富有的人们所做的事而变得富有吗？

富人买昂贵的房子，在高档的餐厅里吃饭，他们驾驶着劳斯莱斯，戴着劳力士表，他们在地中海附近的里维埃拉度假。

购买昂贵的房子、劳斯莱斯和劳力士表能使你变得富有吗？恰好相反。这只能使你变得更穷，甚至破产。

大多数的人都在错误的地方寻找成功。他们竭力搜寻富有的和成功的公司正在做些什么，接着就模仿它们。

富有的公司在做些什么呢？它们购买海湾（Gulfstream）喷气飞机，它们运作诸如授权、领先培训、开放式管理和全面质量管理的程序，并且它们正在延伸它们的品牌。

花费3 800万美元购买一架海湾喷气飞机会使你的公司成功吗？不可能。延伸你的品牌呢？也不可能。

如果你想变得富有，你就必须做富人们在变得富有之前所做过的事情——你必须找出他们是如何致富的。如果你想拥有一家成功的公司，你必须去做成功的公司在成功之前所做过的。

正是如此，它们都做了同样的事情，它们收缩了自己的焦点。

当达美乐（Domino's）比萨店刚开张时，它卖的是比萨和潜艇三明治。当小凯撒（Little Caesars）刚开张时，它卖的是比萨、油炸小虾、鱼片和烧鸡。当棒！约翰（Papa John's）刚开张时，它卖的是比萨、干烙牛排、潜艇三明治、油煎蘑菇、油煎南瓜、沙拉和洋葱圈。

现在你猜想一下汤姆·莫纳汉、麦克尔、玛丽亚·伊利奇和约翰·施纳特是如何将达美乐比萨、小凯撒和棒！约翰打造成大品牌的？他们是通过扩展他们的菜单还是收缩他们的菜单？

当你收缩焦点时，好事情就会发生。

THE 22
IMMUTABLE
LAWS OF
BRANDING

第 3 章

公关定律
The Law of Publicity

品牌的诞生依靠的是公关，而非广告

　　今天的品牌是诞生出来的，不是被制造出来的。一个新品牌必须在媒体上有能力产生有利的宣传报道，否则它在市场上就没有机会。

在美国，15 000 家广告公司中的大多数都认为品牌的创建要依靠广告。

迪阿卡西·马修斯·本顿和波尔斯（D'Arcy Masius Benton & Bowles）公司的首席执行官最近说："我们所做的最基本的事是打造品牌领先者，方法就是对消费者有一个更好的了解，就能带来更好、更新、更强大的创造性工作，来最终创建品牌。"

靠更好、更新的创造性工作就能创建品牌领先者吗？我们认为不行。大多数营销人员混淆了品牌创建和品牌维护这两个概念。一个巨额广告预算可以维护一个知名品牌，像麦当劳和可口可乐，但一般而言，通过广告建立新品牌是不切实际的。

安妮塔·罗迪克（Anita Roddick）在没有做广告的情况下把美体小铺（the Body Shop）建设成了一个大品牌。相反，她通过周游世界来推销她关于环境的理念。通过连续不断的报纸、杂志的文章，加上电台和电视的采访，逐步地建立了美体小铺的品牌。

星巴克在广告上的花费也并不多。10 年来，公司在广告上的花费不足 1 000 万美元，这对一个年销售额接近 26 亿美元的品牌来说是微不足道的。

沃尔玛以接近 2 000 亿美元的销售额成为世界上最大的零售商，而广告支出却非常小。山姆会员商店（Sam's Club）是沃尔玛的姊妹店，其平均单店 4 500 万美元的销售额也几乎没有广告支出。

另一方面，米勒（Miller）酿酒公司花费了 5 000 万美元推出一个叫"常规米勒"（Miller Regular）的品牌（或者说，仅仅是普通的米勒啤酒）。这一品牌没有做任何公共宣传，消费者几乎对此没有任何感性认知，并且销售额非常少。5 000万美元就这样被浪费了。

更好、更新的富有创意的工作能够把取名为常规米勒的啤酒打造成一个品牌领先者吗？我们认为不行。一个如米勒那样品牌延伸的普通啤酒是没有潜在的宣传能力的。

过去，有一个准确实在的广告预算也许是品牌建设的关键。然而，过去的工作对于今天来说并不一定必要，我们生活在一个通信过度的社会，我们每天都能得到许许多多的商业信息。

今天的品牌是诞生出来的，不是被制造出来的。一个新品牌必须在媒体上有能力产生有利的宣传报道，否则它在市场上就没有机会。

那么，应该怎样做公共宣传呢？最好的方法是通过公共宣传说明它是第一个。换句话说，努力在一个新品类里成为第一品牌。

- 邦迪（Band-Aid）：第一条胶粘绷带。
- 嘉信（Charles Schwab）：第一家折扣经纪公司。
- 美国有线新闻网（CNN）：第一个有线新闻网。
- 康柏（Compaq）：第一台便携式个人电脑。
- 达美乐：第一家提供送货上门业务的比萨饼连锁店。
- ESPN：第一个有线体育网。

- 戈尔特斯（Core-Tex）：第一种透气的防水布。

- 喜力（Heineken）：第一瓶进口啤酒。

- 赫兹（Hertz）：第一家汽车租赁公司。

- 英特尔：第一个微处理器。

- 吉露果子冻（Jell-O）：第一款白色透明甜点。

- 肯德基：第一家鸡肉快餐连锁店。

- 《全国追踪》（*National Enquirer*）：第一份超级小报。

- 《花花公子》（*Playboy*）：第一份男士杂志。

- Q-Tips：第一根棉花棒。

- 雷诺包裹（Reynolds Wrap）：第一张铝箔片。

- 罗勒布雷德（Rollerblade）：第一个直排滑轮旱冰鞋。

- 塞缪尔·亚当斯（Samuel Adams）：第一种微酿啤酒。

- 莎纶包裹（Saran Wrap）：第一款塑料食品包装。

- 太阳微系统（Sun Microsystems）：第一个 Unix 操作系统工作站。

- 汰渍（Tide）：第一袋洗衣粉。

- 《时代》（*Times*）：第一份新闻周刊杂志。

- 施乐（Xerox）：第一台普通纸复印机。

所有这些品牌（还有其他很多的品牌）在一个新商品类别里都是第一个，而且在品牌的建立过程中，伴随大量的公关宣传。

两者之间有着紧密的联系。新闻媒体总会谈及什么是最新，什么是第一,什么是热点,不会谈及什么是更好的。当你的品牌能产生新闻时,它就有制造新闻宣传的机会。产生新闻的最佳方式就是通过一个新品类,而不是一个新产品。

其他人谈及你的品牌会比你自己所说的更有说服力。这就是为什么说一般而言公关比广告更有说服力的原因。这也是为什么在过去 20 年中,公关使广告对品牌的强大影响力黯然失色的原因。

然而多年以来,公关被视为广告的第二职能。过去,公关人员甚至经常根据广告量来衡量他们的成就。公关费用已转化为等额的广告支出。

更糟的是,营销战略中通常总是公式化地把广告口号放在第一位。于是,公关人员被要求通过把公关项目转化为传播口号来增援广告。

不能再这样了。今天的品牌是通过公共宣传建立起来并通过广告维护的,就像马车是被马拉着跑的。

那么,为什么公关的优势仍然没能在媒体中显现出来呢?为什么在大多数的公司中,公关部门仍然听命于广告部门呢?为什么最大的 10 家公关公司中仍有 8 家隶属于广告公司,而不是广告公司附属于公关公司呢?

为什么媒体至今仍然忽略了营销中最大的新闻呢?

这就叫蔓草现象(grass phenomenon)。没有人曾经注意到草的生长,或是留意正在缓慢发展的一种趋势。

以传真的发展为例。在过去 20 多年里，传真成了所有公司通信系统中不可缺少的一种设备。美国人今年总共发了 650 亿张传真，平均每人 230 多张。同时，现在有 50% 的国际电话都是用于发传真的。

但是，我们几乎没有在任何一本主要的管理杂志中看到有关传真兴起的文章。这真是发生得太慢了。

另一方面，国际互联网的发展正好与之相反。国际互联网的发展之迅速，使它在公众中产生了一道耀眼的光芒。互联网的股票下跌得也很迅速。

尤其是广告从业人员，他们一般都较为轻视公关。最近，一位相当有名的广告从业人员说："如果广告的作用是耀眼的，公关就必然会受到冷落。"

但是，今天在品牌建设中起作用的是公关，而不是广告。这在高科技领域更是不争的事实。所有全球营销的大公司，如微软、英特尔、戴尔（Dell）、康柏、盖特威（Gateway）、甲骨文（Oracle）、思科（Cisco）、SAP 以及太阳微系统公司，最先都是通过在《华尔街日报》《商业周刊》《福布斯》以及《财富》等报刊上进行公关宣传而起步的。要靠公关而不是靠广告。

数年以前，我们同莲花发展公司（Lotus Development Corp）就莲花的 Notes 群体系列软件提供品牌战略咨询服务。该战略的基本点是以第一个成功的群体软件的概念提升 Notes 群体系列产品。其重点当然是强调其 "群组软件"。

这个想法在媒体上得到了狂热宣传，我们一篇又一篇地在媒体上撰写文章报道"群组软件"的概念。但莲花的那些广告人却忽略了"群组软件"的概念，他们喜欢的是那些毫无意义的广告作品。

但这已无关紧要，因为公关的作用明显盖过了广告。公关宣传策划的执行结果是，Notes 群体系列产品获得了巨大的成功，也使 IBM 在收购莲花发展公司时支付了 35 亿美元的惊人价格。

大多数公司在建立其品牌战略时都把广告作为它们主要的传播手段。它们错了，首先应从公关的观点来发展品牌战略。

THE 22
IMMUTABLE
LAWS OF
BRANDING

第 4 章

广告定律
The Law of Advertising

品牌一旦诞生，就需要广告来维护

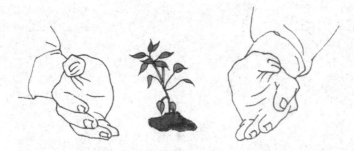

　　品牌一旦诞生，就需要广告的维护。品牌领先者不要把

广告预算看作坐等红利的投资，相反，应当把广告预算当作

一种保险，以防止因为竞争对手的攻击而遭受损失。

广告预算就像是一个国家的国防预算。大量的广告经费不会为你带来任何东西，它们只能防止你在竞争中失去原本的市场份额。

所有的坦克、飞机和导弹只是用来防止一个国家被敌国侵犯。

公关是一种有力的工具，但一个品牌迟早会超越其公关的潜能。这个过程通常要经历两个明显的阶段。

第一阶段推出新品类。例如，1959年施乐公司推出普通纸复印机，数以百计的杂志和报纸都撰文报道了914型复印机的诞生。施乐的管理人员也在大量的电视节目上展示了他们的新产品。许多文章描述了有关这一新产品的潜力。

第二阶段关注开创新品类的公司的崛起。同样又有数以百计的文章描述了有关施乐公司在营销和财务上的成功，称它是照相纸生产商哈罗德（Haloid）公司沉沦之后崛起的新星。

今天，所有的人都知道施乐是静电复印术的开拓者，并成了全球的复印机品牌领先者。并没有留下什么可以报道的新闻故事了，因此广告便取而代之。

几乎所有成功的品牌建立都经历了同样的过程，康柏、戴尔、SAP、甲骨文、思科、微软、星巴克和沃尔玛等品牌都是通过公关建立起来的。当公关的作用逐渐消失后，每个品牌都迟早会投入大量的广告费用，以保卫它们的地位。公关第一，广告第二，这是普遍定律。

（任何认为是广告创建了像微软这样响亮品牌的人，都应该回过头去重新阅读"公关定律"。）

领先者迟早要把它打造品牌的战略从公关转向广告。通过提高进入成本，广告能防止竞争对手分割大量的市场份额。

攻击一个高度防备的邻国，需要充分的军事支出。攻击像可口可乐、耐克（Nike）或麦当劳这些有高度防备的品牌领先者，则需要有充足的营销费用。

领先者不应把他们的广告预算看成是坐等红利的投资。相反，他们应当把广告预算当作一种保险，以防止因为竞争对手的攻击而遭受损失。

品牌领先者应该做什么样的广告呢？当然是表现出品牌的领先地位。领先地位是消费行为中一个重要的动机因素。

- 亨氏：美国人最喜欢的番茄酱。

- 百威：啤酒之王。

- 可口可乐：正宗货。

- 维萨（Visa）：无处不在。

- 巴利拉（Barilla）：意大利面的 No.1。

- 固特异（Goodyear）：轮胎中的领先者。

针对其领先地位做广告的领先者非常少。大多数领先者都是针对他们的产品品质的某些方面开展广告宣传。

然而，当你的广告中说"我们的产品更好"时会发生什么呢？当你在广告中声明你生产出了一种更好的产品时，广告的读者、观众及听众会做些什么呢？

"它们都是这样说的。"

随便捡起任何一本杂志或报纸，随意浏览其中的一些广告，几乎所有的广告中都有有关产品在同类产品中较好的说法，那就是它们所说的一切。

但当你的广告中说"我们的产品是领先者"时会发生什么呢？潜在消费者会想些什么呢？

"它一定比其他的更好。"

谁生产了美国最好的番茄酱？你真的相信汉特（Hunt）公司的番茄酱是最好的吗？你可能会，但多数人都认为亨氏的番茄酱是最好的。为什么呢？

因为亨氏是美国番茄酱的领先品牌，而且大家都知道在一个热爱自由、民主和机会均等的国家里，较好的产品总是会胜出的。

"我宣誓效忠美国国旗，效忠它所代表的共和国，而且效忠每个品类的领先品牌。"

然而，虽然美国人都不宣誓效忠品牌，但我们也许会这样做。那种极其强烈的信念使得人们心智中那个较好的品牌胜出。

然后你也许会问，为什么更多的广告商不针对领先地位做广告呢？（这样的要求是相当罕见的。）

他们进行了消费者调查，他们问消费者为什么会购买他们所选的品牌。而人们迅速地回答说他们从来不会因为某品牌是领先者而去购买它们。事实上，消费者有意回避了这一点。

"我绝不会仅仅因为一个品牌是领先者而购买它。"

那么你为什么会选择领先品牌呢？你为什么喝可口可乐？为什么向赫兹租借汽车？又为什么要读哈佛大学呢？

"因为它是最好的。"

现在，我们已经完成了一个循环。每个人都知道更好的产品在市场上会获得领先地位。既然大多数人都想购买更好的产品，他们就购买领先品牌。这种循环既保持品牌的领先地位，也赋予该品牌"它是更好的产品"的认知。

广告是一种非常有力的工具，它无法帮助一个新品牌建立领先地位，但可以维护品牌已经获得的领先地位。一家公司如果想保护它已经建立起来的良好品牌，就应当毫不犹豫地投入大量的广告宣传以遏制竞争。

事实上，广告也很昂贵。今天，在美国职业橄榄球超级杯赛期间，每30秒黄金时段的广告费用是200万美元。从投入的角度考虑，在收视率最高的最佳时段播出广告同样是荒谬的。比如花62万美元播出一则30秒的商业广告，你就不得不增加生产成本，平均每则广告导致的成本增加额为34.3万美元。

为什么要花这些钱呢？

广告不会为自己付出代价，但如果你是品牌领先者，广告就会使你的竞争者为此竞争付出很高的代价。许多公司支付不起广告费用，这当然不会给你带来什么麻烦。相反，它们只好满足于品尝你所支配的巨大馅饼周围的一些碎屑了。

THE 22 IMMUTABLE LAWS OF BRANDING

第 5 章

词 汇 定 律
The Law of the Word

品牌应当力争在消费者心智中占据一个词汇

　　宝马在消费者心智中占据了"驾驭"这个词，并且已经

成为在美国销量第二的欧洲豪华轿车。

在考虑购买奔驰车时，你会想到什么？

如果你可以看到那些典型的汽车购买者的想法，你可能会发现"声望"一词基本可以概括这一品牌的特征。说实话，难道你从未将奔驰品牌与"声望"联系在一起吗？大多数人都这样认为。

你可能也会把诸如"昂贵的""德国的""工艺先进的"以及"可靠的"等特征同该品牌联系在一起，但核心的区隔还是"声望"。兰博基尼（Lamborghini）是昂贵的，奥迪（Audi）是德国的，本田（Honda）是工艺先进的，丰田（Toyota）是可靠的，但这些品牌中没有一个能传达出奔驰的"声望"。

如果你想建立一个品牌，你必须把打造品牌的所有努力都集中于在潜在顾客的心智中占据一个词汇，这个词是其他品牌不曾拥有的。

奔驰代表了声望，而沃尔沃（Volvo）代表了安全。

沃尔沃在汽车购买者心智中占据了"安全"这个词。而且，在过去的 10 多年中，沃尔沃已经变成了在美国销量第一的欧洲豪华轿车。

一旦一个品牌拥有了一个词汇，其竞争者要从该品牌夺走这一词语几乎是不可能的。你能够生产一辆比沃尔沃更为安全的轿车吗？有可能。很多汽车品牌都已经宣布它们做到了，包括萨博（Saab）和奔驰。但其他品牌能在消费者心智中占据"安全"这个词吗？不太可能。

在考虑购买宝马轿车时，你会想到什么？

一辆带来驾驶乐趣的轿车，马力最强劲的车辆。宝马在消费者心智中占据"驾驭"这个词。由此，宝马已经成为在美国销量第二的欧洲豪华轿车。

但自从这三个品牌（奔驰、沃尔沃和宝马）近来进行了品牌线延伸后，它们就不再是词汇定律的最佳范例了。奔驰转向了不太昂贵、声望较低的轿车，沃尔沃开始生产赛车，而宝马则转向生产更加豪华的轿车。

因此，一旦某一品牌开始在消费者心智中代表了某个词，公司通常都会寻找多种方法来扩张产品线，进入其他市场，试图占据其他的特性。这是一个非常严重的错误，却是在建立品牌时最常犯的一个错误。

舒洁（Kleenex）是什么？听到舒洁这一品牌，你能想到什么词汇？

从表面上看，舒洁品牌似乎是很分散的。舒洁很柔软，可以抽取。它很有名，而且有多种不同的款式。有运动型舒洁面巾纸，家庭装舒洁面纸巾，迷幻型舒洁面纸巾。不过，到目前为止，舒洁仍是袋装纸巾中的领先品牌。

在消费者心智中，舒洁占据了哪个词呢？舒洁占据了该品类的名字，舒洁就是纸巾。

舒洁是第一个袋装纸巾。在金佰利－克拉克推出舒洁前，还没有袋装纸巾的市场。但是它没有进入卫生纸和纸毛巾市场，一直没有脱离它最初的焦点。

"不要把伤风感冒放在你的衣袋里"是舒洁多年来使用的营销口号。人们衣袋中的手帕开始从市场上消失了，取代它的是多种多样的舒洁纸巾。

为什么这么多品种的纸巾不会削弱舒洁品牌的力量呢？因为当顾客环顾铺面，看到了一盒斯科特（Scott）纸巾时，他说"请给我一包舒洁"。由此，你就会明白在消费者心智中已经锁定了一个纸巾品牌。

与舒洁拥有纸巾这个词一样，吉露拥有"果冻"这个词，可口可乐拥有"可乐"这个词，邦迪拥有"胶粘绷带"这个词，莎纶包裹拥有"塑胶食品薄膜"这个词，而罗勒布雷德拥有"直排滑轮旱冰鞋"这个词。

当人们普遍都使用你的品牌名称时，你应该知道你的品牌已经代表了它所在的品类。

"帮我施乐（复印）一份。"

"我要 Q-Tip（棉签）。"

"用雷诺铝箔片来包装这个盘子。"

"给我一盘 Scotch 磁带。"

这些品牌如何拥有其所在品类的名称词汇，并无任何秘密可言。它们是第一的、普通的和简单的。

我们可以发现：你很难赶超领先者而成为某一品类的代名词。即使在销量上超过可口可乐，百事可乐也不会成为可乐品类的通称（在超市渠道上百事可乐的销量曾超过可口可乐）。你只有依靠成为第一品牌并且建立一个品类，才能成为品类的代名词。

因此，如果你不是这个品类的第一，你能做些什么呢？通常，你可以通过聚焦来创造一个新品类。

成立于 1964 年的艾米瑞（Emery）空运公司，是第一家航空货物运输公司。但它却陷入了雪佛兰的圈套。它不但没有将其业务集中在一种类型的服务上，反而提供所有的相关服务：隔夜达服务、次日达和隔日达的廉价服务、小件运输服务和大件运输服务，"无论你想运送什么，艾米瑞都可以做到"。

联邦快递做了什么呢？ 20 世纪 70 年代早期，联邦快递还是运送行业中的一名奋斗者。但在其业务蒸蒸日上时，联邦快递的首席执行官弗雷德·史密斯（Fred Smith）决定，把焦点缩小到只提供隔夜送达的服务上，"绝对隔夜送达"。

今天，联邦快递迅速发展成一家比艾米瑞（现在叫艾米瑞全球公司）大得多的公司，而且"联邦快递"已经成了隔夜送达的代名词。

"将这个包裹联邦快递到西海岸。"

在消费者心智中，联邦快递拥有哪个词呢？当然是"隔夜送达"。

联邦快递接下来又做了什么呢？它走向了全球，于是它就不可能保持其已经闻名的"隔夜送达"的特色（纽约时间下午 5 点，在新加坡已经是第二天早上了），而且联邦快递还进入到次日达和隔日达的廉价服务。近来它又收购了一家货车运输公司。

事实上，在过去 12 年里联邦快递的每一项营销活动，都使公司远离了隔夜送达这个概念。

这种业务拓展会使品牌受损吗？是的。它会使公司受损吗？只要没有机敏的竞争对手像当初联邦快递挤压艾米瑞空运公司那样，缩小其业务焦点挤压联邦快递，联邦快递公司就可能不会受损。

看一下普雷格（Prego）对拉古（Ragu）做了什么？多年来，拉古一直是意大利面调味料的领先品牌，拥有超过 50% 的市场份额。就像艾米瑞空运公司一样，拉古拥有许多不同的产品。

那普雷格又做了些什么呢？该品牌把其业务缩小到一种产品——"浓稠的"意式细面条调味料。依靠这种调味料，普雷格赢得了 27% 的市场份额。普雷格在意式面条调味料消费者心智中拥有了"浓稠"这个词。

同样的定律，在许多不同的品类中都得到了证实，无论这个行业有多么狭窄或模糊。彭博（Bloomberg）是金融界的一个终端，提供分析工具，也提供即时商业信息和股票价格信息。彭博LP（Bloomberg LP）公司首先推出了一种设备，能帮助资金管理人分析和比较金融数据。

词汇是建立品牌的关键。当然，在这个视觉化的世界，还取决于外形、颜色、质地以及尺寸。但事实如果离开人们心智的认知就毫无意义了。心智通过词汇赋予视觉事实以含义。只有当人们心智中认为某一物体是大的或小的，美的或丑的，暗的或亮的时，才具有真正的意义。

对于你所销售的产品或服务，同样也是如此。产品本身也许具有一些视觉上的事实，但却是品牌名字及它的附带因素使得产品在消费者心智中有了意义。

所以，你可以忽略产品所具备的种种好属性。你无法在人们的心智中将这些产品属性与品牌名联系起来。为了进入消费者心智，你必须做出牺牲。你必须把品牌的要素减少到某个单一的概念或特性，而这个概念或特性是同品类中其他品牌所没有的。

一般成年人的词汇量约为 50 000 个，但在美国的注册商标却超过 250 万个。你能希望你的商标在人们的心智中代表多少个不同的特性呢？

除非科学家能想出一种方法把人们的大脑换成芯片组织，否则在物理性记忆的层面上来说，大多数品牌在心智中也是不太可能占据两个或两个以上的词汇。如果你的品牌能拥有一个像"安全的""强劲的""浓稠的"或"隔夜送达"等词，你就很幸运了。

许多营销者都深谙此点，却依旧指望品牌延伸。为什么？

发展。他们感到在其目前的定位上受到了限制。他们想发展，所以他们认为除了扩张品牌就别无选择。

但真正有用的不是扩张你的品牌，而是扩张你的市场。换句话说，联邦快递扩张的是其隔夜送达服务的货运市场，而不是从隔夜达到次日达或隔日达的业务范围。

通过把业务聚焦于隔夜送达服务，联邦快递可以使"隔夜达"成为商务行政人员的首选服务。因高价的运费和精致的包装，人们会想："这个包裹一定十分重要，因为它是用联邦快递送过来的"。

而隔夜达业务的繁荣也给联邦快递带来了大量财富。

奔驰运用了一种相似的战略。在奔驰以前，高价汽车的市场是什么？几乎没有。

奔驰运用"声望"的战略建立了高价车的市场，但你在处理像"声望"这一类的词汇时要十分巧妙。它的内涵可能会对品牌建设起作用，但这个词本身并不会。人们并非渴求具有声望的品牌，只是他们不愿意承认这点。

要想成功建立一个"有声望的"产品或服务，你必须做两件事：

（1）你必须使你的产品或服务的价格比竞争者的高。

（2）你必须为声望寻找一个代码性的词汇。

第一步是容易的。奔驰的定价比与其相当的凯迪拉克汽车售价高出一倍（"奔驰一定比凯迪拉克好，"购车者想，"因为它贵了一倍"。）

奔驰也为其声望找到了一个极具分量的词语——"制造工艺全球独一无二"。

"隔夜达"为联邦快递带来了什么，"独一无二的制造工艺"也就为奔驰带来了什么。凭借为车主提供了一个购买一辆高价而有声望的汽车的理由，它扩展了这一市场。乡村俱乐部成员选择的车辆由此变成了奔驰，而不是凯迪拉克。

但也像联邦快递一样，奔驰开始将其品牌延伸到廉价的跑车、便宜的私家车和运动车。拥有像奔驰这样的名称、荣誉和历史（奔驰公司发明了汽车），该品牌应当成为美国销量最大的豪华车，但它并没有。

追溯历史。到目前为止，绝大多数的成功品牌都是那些保持其狭窄业务焦点，然后扩展其产品的品类，而不是那些设法将其名称扩张至其他产品品类的品牌。

在万宝龙（Montblanc）以前，高价笔的市场是什么？几乎没有。

在红牌伏特加（Stolichnaya）和绝对伏特加（Absolut）以前，高价伏特加的市场是什么？没有。

在沃尔沃以前，安全车的市场是什么？没有。

如果你的公司自问的第一个问题是"市场有多大"，那么你们就与成功背道而驰了。

不要问你的品牌在现有的市场上能占到多少份额，而应问问你们的品牌通过聚焦和在人们心智中占据一个词汇后能创造多大的市场。

THE 22
IMMUTABLE
LAWS OF
BRANDING

第 6 章

信任状定律
The Law of Credentials

任何品牌成功的关键因素是其可信的诉求

多数人宁愿在一家拥挤的餐馆里等一张桌子，也不愿在一家空空的餐馆里就餐。如果这个地方真的好（大家都这样想），门外会有长长的一排队伍。这就是信誉的力量。

顾客是多疑的，他们倾向于怀疑大多数产品的自我宣传。你的品牌产品可能更耐用，不需要太多维护并且操作更为简易，但是谁会接受这样的宣传呢？

无论如何，一个品牌应该有一个诉求，它要超越任何其他的诉求。这一诉求将把品牌提升到竞争对手之上，而且使得它比其他的任何说法都更加可信。

"正宗货"就是具有可信度的诉求。

当可口可乐公司第一次提出这一诉求时，顾客们立即做出回应："是的，"他们齐声赞同，"可口可乐就是真正的可乐，任何其他的可乐都是仿制。"

尽管"正宗货"广告流行几乎是 30 年以前的事了，但这一概念已紧紧地和可口可乐联系在了一起。这就是品牌的信任状。

即使在今天，"正宗货"这个词还是和可口可乐紧密联系在一起，报纸和杂志的记者们几乎在每一篇描述可口可乐公司的文章里都设法运用了这个词。

信任状能为你的品牌绩效提供担保。当你拥有良好的信誉时，你的前景可能会使人们几乎相信你为品牌做的任何宣传。

领先地位是建立品牌信任状最直接的方法。可口可乐、赫兹、亨氏、维萨和柯达（Kodak）等都具有信任状，这是因为它们普遍地被认为是其各自品类里的领先品牌。当你不是领先品牌时，你最好的战略是创造一个你能取得领先地位的新品类。

宝丽来（Polaroid）公司在即时成像这个新领域中取得的成功就是一个好例子。然而，当宝丽来设法在传统的摄影胶片上与柯达较量时，它却一败涂地。

许多营销人员把宝丽来的失败归因于该品牌不能从即时成像"延伸"到常规的 35 毫米胶片这个事实。显然，这种结论没有真正地描述出内在的动因。

简单的答案是宝丽来在常规的 35 毫米胶片上没有可信性。人们为什么要买宝丽来的常规胶片而不买该品类的专家——柯达胶片呢？只有当你想要即时成像胶片时你才会购买宝丽来，宝丽来的专长在即时成像上。

几年前，帕特里克·沙利文（Patrick Sullivan）[现在是西洛克（SalesLogix）公司的执行总裁] 带着名叫"行动"（Act）的软件来到我们的办公室。"'行动'能做什么？"我们问道。

"能做任何事，"沙利文说，"'行动'能处理你的日程表、你的通信录、你的邮件列表和你的账目开支。确切地说，'行动'能做任何事。"

这个说明可不太好。我们想找出的是我们能够用以建立一个新品类的东西。经过多次讨论后，我们认为这个新软件最好能被描述成"联络"软件。换句话说，该软件是为销售人员和做联络工作的其他人员专门设计的。

"销量最大的联络软件"成为这个品牌的信任状。在广告、公关、宣传手册中，在任何一个其品牌名称被使用的地方，都使用了这句话。

今天,"行动"占有了联络软件 70% 的市场份额,已成为该品类的主导产品。

在公关过程中,信任状是特别重要的。记者和编辑们通常会很快将广告宣传归结为夸大其词,但他们会很乐意接受领先品牌,以及与品牌信誉有关的内容。

■ 当一位记者正在写一篇关于汽车租赁的报道时,他最可能先致电给谁?确切地说,是赫兹。

■ 当一位记者正在写一篇关于可乐的报道时,他几乎总会打电话给可口可乐。

■ 当一位记者正在写一篇关于计算机软件的报道时,他可能会想到微软。

许多公司在运作品牌策划时几乎都忽视了可信度问题。当你随手翻开一堆印刷广告或者观看一系列的电视商业广告时,你会发现数不尽的毫无意义的描述:口感良好、省钱、洁白牙齿、安装容易、更大的、更小的、更轻的、更快的、更便宜的。尽管这些好处可能正是潜在顾客的兴趣所在,但由于它们都缺乏可信度,因此它们通常都被忽略了,"广告都是这样说的"。

然而,当这些好处是由品牌的信任状支撑时,它就会更有说服力。

如果"行动"软件宣传说它能使你销售更多的产品，同时少做一半的文字工作，那么你或许会乐于接受这种说法，因为"行动"是销量最大的联络软件。

数据流（Datastream）公司在维护软件方面做了同样的事。在早期，数据流公司占有 50% 的市场份额。众所周知，当时的市场很小，非常非常小。

不管怎样，数据流公司宣扬自己是维护软件的领先品牌。在所有的数据流公司的文字里都使用了这一领先者的主题。今天，该市场迅速扩大，而数据流公司在这一类别中依然保持领先。它是维护软件的真正领先者。

传统的思维方式会从另一方面考虑："市场很小，没人会关心我们是领先者。他们甚至不关心维护软件，否则他们会购买更多的该类产品。忘记领先地位吧，我们必须集中所有努力推销这类产品的好处。"

千万不要忽视领先地位，无论多么小的市场，都不要陷入只是推销产品的误区，尤其是在品牌建设的早期。

领先地位也会带来长远的益处。因为你一旦到达顶峰，就很难失去你的地位。对 1923 年一年内的 25 个品类中的 25 个领先品牌开展的一次广泛而公开的研究显示，25 个品牌中有 20 个在它们的品类中至今仍具有领先地位。在 75 年中，仅有 5 个品牌失去了其领先地位。

别以为人们知道哪一个品牌是领先者。在类似于联络软件和维护软件这样快速发展的新品类中尤其如此。大多数新的潜在顾客对新品类毫无经验，对既有品牌也所知甚少。所以，他们很自然地就倾向于领先品牌。

只要品类一旦成熟，消费者就会变得更大胆，更愿意尝试领先品牌之外的一些独具特色的其他品牌。领先者通常不得不放弃许多精于此道却不去购买领先品牌的顾客。

放弃他们，你不可能吸引所有的人。

尽管每一个品类都提供了极大的可能性，但也不是所有的品牌都能成为领先者。例如，拿啤酒来说，下面是一些具有领先地位信任状的啤酒品类：

- 啤酒领先者。

- 淡啤酒领先者。

- 进口啤酒领先者。

- 微酿啤酒领先者。

- 冰啤领先者。

- 高价啤酒领先者。

- 墨西哥啤酒领先者。

- 德国啤酒领先者。

- 加拿大啤酒领先者。

- 日本啤酒领先者。

在与全世界数百家信任状公司的合作中，我们已经发现了一些能够开发利用的信任状。如果没有，我们就通过创造一个新品类来创造信任状。

在日常生活中，信任状在到处发挥作用。有多少次你离开一家新餐馆就因为它几乎没有客人？多数人宁愿在一家拥挤的餐馆里等一张桌子，也不愿在一家空空的餐馆里就餐。如果这个地方真的好（大家都这样想），门外会有长长的一排队伍。

这就是信任状的力量。

第 7 章

质量定律
The Law of Quality

质量很重要，但品牌的创建不仅仅依靠质量

将品牌的创建完全依托于质量，就好比在沙滩上盖城堡。

你可以保证产品的质量，但你无法保证在市场上取得成功。

质量是什么?

每个人都认为他们能说出高质量产品和低质量产品的差别,但实际上两者的差别总是不太明显。

- 劳力士比天美时(Timex)走时更精准吗?你肯定吗?
- 徕卡(Leica)比宾得(Pentax)的摄影效果更好吗?你肯定吗?
- 奔驰比凯迪拉克更不易出现机械故障吗?你确信吗?
- 赫兹比阿拉莫(Alamo)提供的服务更好吗?你肯定吗?
- 万宝龙笔比 Cross 笔的书写更流畅吗?你肯定吗?
- 可口可乐比百事可乐的味道更好吗?多数人是因为可口可乐比百事可乐卖得多才这么认为的。然而在口味测试中多数人更喜欢百事可乐。

普通消费者会质疑口味测试。如果可口可乐比百事可乐卖得多,而结果显示百事可乐的口味更好,那么这个测试肯定有问题。

质量取胜的观点拥有千千万万的信徒。这种观点认为,打造一个更好的品牌的方法就是生产出更高质量的产品。

在理论层面上,这种观点是直观的、正确的,但在现实中并不总是如此。将品牌的创建依托于质量就好比把你的房子盖在沙滩上。你可以把质量带进你的产品,但却无法把成功带进市场。

我们经过多年的观察得出这种结论。在市场中取得成功和在产品的比较测试中胜出几乎是没有什么联系的——无论是在口味测试、精确性测试、可靠性测试、耐久力测试，还是任何其他独立的、客观的第三方测试——都是如此。

看看《消费者报告》(*Consumer Reports*)，再把这些接受测试的品牌的销售排名与杂志上的质量排名测试对比一下，你会发现它们之间没什么联系。事实上，该杂志的成功在于它能够发现那些不知名但产品质量胜过领先者的品牌。

最近一次的 16 个小型汽车品牌排名中，质量排名第一的品牌在销售中排名第十二，质量排名第二的品牌在销售中排名第九，质量排名第三的品牌在销售中排名最末。如果质量能够反映销售，排名情况就不应该是这样了。

假设你明天要去买一辆轿车。质量重要吗？绝对是重要的。多数汽车购买者都会买他们负担得起的质量最好的汽车。

但是，质量的概念存在于哪里呢？在展示厅里吗？不是。

质量，或者更确切地说，是存在于顾客心智中对质量的认知。如果你想建立一个强大的品牌，你必须在顾客心智中建立一个强大的质量认知。

在心智中建立质量认知的最好办法是遵循品牌定律。

根据收缩定律，当你缩小了目标时发生了什么？你成了专家而不是通才。而且，与通才相比，专家通常被认为懂得更多。换句话说，专家具有"更高的质量"。

心脏病专家比全科医生对心脏了解更多吗？多数人是这样认

为的。这种直觉当然是合理的。

然而，多数公司想成为普通的实践者。为什么？它们想为其产品和服务扩大市场。这样做，它们就违反了扩张定律。

创建品牌的另一个重要方面是取个好名字。如果其他所有因素都不相上下，有个好名字的品牌就会脱颖而出。

成为专家和取个好名字是并行的关系。一个品牌延伸后成为一个通才，你就会丧失选取一个强大名字的能力。

关于这一主题，现在的商业出版物中有许多错误信息。综合性的品牌是平庸的，而不是强大的。通用电气、通用汽车、通用动力（General Dynamics）也许很有名，但作为品牌它们是平庸的，因为它们涉猎的范畴太广了。

我们知道你在想什么。这些综合性的品牌所属的公司无论是在销售、利润，还是股市净值方面，都是全球一流的。你想的没错。但是，一个虚弱的品牌能够取得销售上的成功，这是因为它的竞争对手有着一个更加虚弱的品牌。拿通用电气来说，它的多数竞争对手也有个综合性的品牌，像西屋（Westinghouse）、通用汽车和联合技术（United Technologies）。当两个虚弱品牌相互竞争时，谁会获胜呢？与竞争品牌相比，自然是一个不太虚弱的品牌会胜出。

通用电气试图在大型计算机方面与类似 IBM 这样强大的品牌相竞争，这令它损失了数亿美元，确切地说是 3 亿美元左右。

当通用电气试图在家用电器领域里一争高下时，它不是专业

化公司的对手 [它的产品后来卖给了百得（Black&Decker）公司，时间很快证明像百得这样综合性的品牌也并不比通用电气强多少]。

像通用电气、通用汽车这样综合性的品牌看似强大，实际上很虚弱。它们看似强大是因为它们很有名气并已存在几十年了。但是，当它们与专家品牌竞争时，就只能甘拜下风。

为品牌创建高品质形象的另一个要素是高价格，像劳力士、哈根达斯（Häagen-Dazs）、梅赛德斯－奔驰、劳斯莱斯、万宝龙、香槟王（Dom Pérignon）、皇家芝华士（Chivas Regal）、绝对伏特加、杰克丹尼（Jack Daniel's）和丽嘉（Ritz-Carlton）这样的品牌都从它们的高价格里获益。

对消费者来说，高价格也是有益的，它使得有钱的消费者从购买和消费高价商品中获得精神上的满足。

戴劳力士表不是因为顾客需要更精准的时间，戴劳力士表是想让其他人知道他戴得起劳力士表。

买蓝色牛仔裤的顾客为什么要花 100 美元或更多的钱来买 Replay、Big Star 或 Diesel 的牛仔裤呢？如果牛仔裤的标签是在里面而不是在外面，他们还愿意花钱来买吗？

餐馆的侍者会对花 80 美元买一瓶酒的顾客说些什么？难道说"我们有 20 美元一瓶的酒，它的味道也很好"吗？

这是不可能的。即使餐馆确实有 20 美元一瓶的酒，味道也确实不错，即使顾客相信 20 美元一瓶的酒味道确实一样好。

传统思想经常提倡以适当的价格营销更高品质的商品，这就是所谓的质量战略，这就是福特说的"质量在工作中是第一位的"的意思，和其他品牌的汽车相比，所有因素（包括价格）都一样，我们（福特）将以质量取胜。

这是不可能的。拥有高质量是好事，但是，品牌不单单是靠质量来创建的。

在价格相近、产品类似的品类海洋里，一个更好的策略是故意标出较高的价格。然后问你自己，我们能在产品里加些什么才能配得上较高的价格？

■ 劳力士使它的表更大、更重，并配有一个外观独特的表带。

■ 卡拉威（Callaway）将它的高尔夫球杆的头做得更大。

■ 万宝龙把笔做得更粗。

■ 哈根达斯添加更多的奶油。

■ 皇家芝华士将它的苏格兰威士忌存放得更久。

注重质量并没有错。我们一直建议客户在他能负担得起的情况下提高产品的质量（这样做可以使你在随后的售后服务上节省金钱）。但是，不要指望单单有质量就可以创建一个品牌。

创建一个高质量的品牌，你需要聚焦，并给予这个焦点一个较好的名字和一个较高的价格。

THE 22
IMMUTABLE
LAWS OF
BRANDING

第 8 章

品类定律
The Law of the Category

一个领先品牌应该推动该品类的发展，而不是品牌

　　打造品牌最有效、最具生产力、最有用的途径是创造一个新品类。这样就能成为一个全新品类中的第一个品牌，并且最终成为在这个迅速发展的新市场中的领先品牌。

根据收缩定律，只要你缩小焦点，品牌就会强大。若是你将焦点缩小到零市场，那么会发生什么情况？

这可能是最佳的情形。你所创造的将会是推出一个全新品类的机会。

- 在红牌伏特加之前，高档伏特加的市场有多大？几乎为零。
- 在奔驰之前，高档轿车的市场有多大？几乎为零。
- 在大众汽车之前，廉价汽车的市场有多大？几乎为零。
- 在达美乐比萨之前，宅送比萨饼的市场有多大？几乎为零。
- 在罗勒布雷德之前，直排滑轮旱冰鞋的市场有多大？几乎为零。

这里有一个矛盾的地方。人们通常将品牌化理解为抢占已有市场较大份额的过程，就如新上任的执行总裁说"我们必须发展业务"。

然而，打造品牌最有效、最具生产力也最有用的途径与提高公司的市场份额毫无关系。

打造品牌的最有效、最具生产力的、最有用的途径是创造一个新品类。换句话说，将目标先缩小到零，然后开创一个全新的领域。

这样就能成为一个全新品类中的第一个品牌，并且最终成为在这个迅速发展的新市场中的领先品牌。

要在一个尚不存在的商品类别中创建一个品牌，你必须立即做以下两件事：

- 开创品牌并让人们觉得你的品牌是第一个、是领先者，是先锋，或是原创的。你要从这些词汇里选一个来描述你的品牌。
- 推动这个新品类的发展。

你也许认为推动品牌发展比推动品类发展要容易得多。事实上确实如此，但未必有效。

当苹果公司推广它的注定要失败的产品——牛顿（Newton）时，它忘记了品类的名字。最初它将牛顿称为 PDA（personal digital assistant），也就是个人数字助理。

笔记本电脑、智能数字手机或者数字手表都被称为个人数字助理，将牛顿称为 PDA，并不能在市场上将它和其他个人数字助理区别开来。

苹果公司推出大型广告并配以标题"它是什么"，我们就知道"牛顿"遇到麻烦了。

在你推出新品牌之前就应该回答这个问题，而不是在此之后。

顾客们并不关心新的品牌，他们真正关心的是商品新的服务领域。他们关心的并不是达美乐比萨，而是他们的比萨饼是否能在 30 分钟内送到。他们关心的不是卡拉威，而是大尺寸的高尔夫球杆能否有助于得分。他们关心的也不是普灵斯，而是大尺寸的球拍是否有助于提高他们的网球成绩。

通过抢占该品类（就像普灵斯抢占大尺寸网球拍品类、卡拉威抢占大尺寸高尔夫球杆品类、达美乐抢占宅送比萨饼品类）并大力促销该类别，你就同时创造了一个强有力的品牌，并开创了一个快速发展的品类市场。卡拉威的高尔夫产品比排在其后的三个品牌产品销量总和还多。

在餐馆业务中易特滋（Eatzi's）正努力运作同样的事。令人惊异的是，这样运作的单店平均年销售额达到了 1 400 万美元 [据报道，全球销售额最高的餐馆是位于纽约中心花园里绿地上的塔文（Tavern）餐厅，年销售额约为 3 500 万美元]。

易特滋仅仅依靠少量的分店就在餐馆行业内令人难以置信地创造了激动人心的成绩。然而，它的概念本身却很简单。

去年，美国人在餐馆中的消费达到了 2 070 亿美元，这是个相当大的市场，这其中 51% 的花费是在外卖和宅送上。

小凯撒在比萨饼业务上的做法，易特滋也用在高档白桌布餐厅中：把目标缩小在外卖上。

这就是你创建一个品牌的方法。将目标缩小到市场的一小部分，不论是比萨饼外卖还是特色美食外卖。然后让你的品牌名称代表这一品类（通用性的效果），与此同时，通过宣传品类的优点——而不是品牌的优点，来扩大这个品类。

外卖比萨的优点在哪里？它是成本最低的销售方式。不需要男女服务员，也不需要送货车。最终结果是小凯撒能比它的竞争对手的价格更为便宜，它用标语"比萨！比萨！"来表达这样的概念，或者承诺两个比萨饼只付一个的价钱。

易特滋更是将其概念推广到外卖的威林顿（Wellington）牛肉上，但是，它的下一步工作应该是什么呢？推动品类而不是品牌的发展，也就是易特滋所称的"膳食市场"品类。

当你是第一时，你能抢占该品类。你是与此概念相联系的唯一品牌，你拥有了一个强大的展示平台。你需要做的是把打造品牌的费用作为推广概念的后盾，这样，概念就能起飞，并推动品牌一起发展。

当竞争不可避免地出现时，会发生什么？大多数品类的领先者往往迫不及待地转换成品牌建设的模式，那是错误的。领先者应当不断促进该品类的发展，扩大这个馅饼的尺寸，而不是饼中的那一小块。

当波士顿鸡肉店（Boston Chicken）开业时，它给市场以强烈的冲击。它是第一家聚焦于"外带"市场的烧烤鸡肉快餐店。但是，与继续推进烤鸡品类发展相反，它把名字改为"波士顿市场"（Boston Market），在菜单里增加了火鸡、肉块、火腿，之后就陷入了困境。

随着市场的成长，领先者的市场份额由最初的100%下降到90%、80%、70%，他们开始焦躁不安，"我们要坚决还击，重新夺回我们的市场份额"。

在一个成熟的品类中，领先者通常的份额不会超过50%，总要留些余地给第二品牌和一群更小的品牌。领先者并非与竞争者品牌对抗，而应该与其竞争的品类展开对抗。

长途客车品类的领先者灰狗（Greyhound）曾经说："你上车，我来开。"

"把餐食从易特滋带回家，"膳食市场的领先者说，"把烹调交给我们。"

与普遍看法相反，竞争是有助于易特滋（和其他每个品类的领先者）成功的因素。即使领先者的市场份额可能下降，但竞争品牌的增多能够刺激顾客对这个品类的兴趣。

宝丽来的最大错误之一就是迫使柯达离开了"即时成像"胶片市场。尽管宝丽来在诉讼中赢得了几百万美元，但它驱逐了一个能够极大地扩张这个品类市场的对手（可口可乐和百事可乐的广告战给双方都带来了益处，它吸引了媒体的注意力，这极大地激发了消费者对可乐市场更多的兴趣）。

多年以前，美国强生公司（Johnson & Johnson，婴儿香波的领先品牌）发起了一场重要的营销战，它向成人推销它的香波，"你每天都要洗头，你需要柔性香波。什么香波能比婴儿香波更温和呢？"

精彩之至。在这一点上，强生婴儿香波成为第一个成人香波的品牌。如果其他婴儿香波也能进入成人市场，销售情况可能会更好。

对于强生来说，不幸的是这里没有其他大品牌的婴儿香波来与之竞争。

领先品牌应该推进品类的发展，而不是品牌。

THE 22
IMMUTABLE
LAWS OF
BRANDING

第 9 章

命名定律
The Law of the Name

从长远来看，品牌不过是一个名字

　　在品牌策略中，最重要的是为你的产品取一个名字，因为从长远来看，对于品牌来说，名字至关重要。

在品牌策略中，你要做的最重要的决定就是给你的产品或服务起一个什么名字。因为从长远来看，品牌不过是一个名字。

是什么使一个品牌在短期获得成功，是什么使一个品牌在长期获得成功，不要将这两者混淆起来。

从短期看，品牌需要一个赖以生存的独特的创意或概念，它需要第一个进入一个新品类，它需要在心智中占据某个词汇。

但从长期看，这种独特的创意或概念就会渐渐消失，剩下的是你的品牌名和竞争对手的品牌名之间的不同。

施乐是第一台普通纸复印机。这个独特的概念使施乐成为心智中强大的品牌。但是今天所有的复印机都是普通纸复印机，区别已经不在产品上，而在于产品的名字。或者更进一步地说，是对品牌名的认知。

在早期，施乐914复印机是很容易销售的。你所需做的就是展示施乐复印机与其他一般复印机的不同之处。施乐复印出的东西很清晰也很容易阅读。纸张放置很平稳，感觉很好，而且很容易操作和整理。

今天，所有的这些区别都不存在了，但是施乐仍然被认为是最好的复印机品牌。其中的一个原因就是它本身的品牌名。

这个名字很简短、独特，还暗示着很高的科技含量。施乐公司最有价值的资产就是施乐这个品牌名。

然而，在营销中，名字的重要性经常被忽视。"真正重要的是产品本身以及该产品为我们的顾客和潜在顾客所带来的好处。"

于是他们提出了诸如"纸的主人"这样通用性的品牌名。"像施乐这样的名字有什么意义呢？一点也没有。而另一方面，'纸的主人'这样的品牌名能帮助我们传达出更好的复印机所具备的优点。"

更糟糕的是，他们提出把这个新品牌作为产品线的延伸，"从来没有人听说过施乐，这是新创造出来的名字。从另一方面来讲，我们的公司，哈立德公司（Haloid Company）成立于1906年。我们有成千上万的顾客和良好的声誉。让我们把新型的普通纸复印机称为'哈立德纸的主人'吧"。

"好吧，"你也许在想，"我从来不会犯这样的错误。我不会把像914那样极有潜力的复印机命名为'哈立德纸的主人'。"

事后来看，你可能不会这样做，但是将来你可能会。至少我们曾经为之提供过营销战略咨询的半数以上的公司，几乎总是倾向选择产品线延伸的通用性名字，而不是独特的新的品牌名。

从全球角度看，这是商界中最严重的问题。公司被分成两大阵营，其中一个阵营认为业务成功的基础在于持续地研发出色的产品和服务，而另一方认为成功的基础是打造品牌。产品与品牌相对立。

以产品为导向的阵营统治了营销领域，"品牌的名字无关紧要，重要的是产品的表现如何"。

基于这个原则，产品阵营很快减少了对谬论的争议，"如果产品不好，那么不论这种产品是否有一个较好的品牌名字都是没有用的，它都会失败"。

施乐复印机比佳能复印机好吗？理光复印机与夏普复印机比较起来又怎样？

你是否购买过复印机？哪个复印机不好？忘掉复印机。哪一个品牌不好呢？

确实，一些人会抛弃一些品牌。他们甚至会这样说："我绝不会买一辆捷豹（Jaguar）。"但这种观点并不普遍。

劣质产品经常成为营销中的替死鬼。大多数公司经常用它们来证明无品牌战略是正确的。

我们并不是指字面上的无品牌战略。从法律的角度看，一家公司注册了商标，就可以被称为拥有一个品牌。但是，公司的战略是建立在较好的产品或服务基础上的，公司所使用的伴随这些产品的品牌在潜在顾客的心智中并没有力量。

产品阵营支配东亚的商业界。几乎每一家东亚的公司都采用了一种大品牌、主导品牌、产品线延伸战略。

三菱（Mitsubishi）是什么？日本前100家公司中有16家的产品和服务都叫三菱。从汽车、半导体到家用电器，从空间装置到运输系统，几乎所有的产品都与三菱有关。

松下（Matsushita，后改为Panasonic）是什么？和三菱一样，日本前100家公司中有8家的产品和服务都是采用这个名字。从电器设备到电子产品，从电池到制冷设备，几乎所有的产品都与松下有关。

三井（Mitsui）是什么？同松下一样，日本前100家公司中有8家的产品和服务都是采用这个名字。

以美国和日本相比，美国前100家公司近一年的总销售额为3.2万亿美元。同年，日本前100家公司的总销售额为2.6万亿美元。

真正的区别在于利润，美国前100家公司的平均利润占总销售额的6.2%，而日本前100家公司的平均利润占总销售额的0.8%。

这个0.8%是日本公司销售额的平均净利。在那么多公司接近于盈亏平衡点的情形下，你可以确信许多公司基本都是亏损的。

在亚洲，多种产品沿用同一个品牌名经常被商业专栏的编辑们授予好评，但这些编辑并没有揭开财务背后的真实故事。

韩国的情况比日本更糟糕。在近一年，韩国63家最大的公司总销售额达4 090亿美元，但它们的总亏损却占到销售额的0.4%。

以现代公司为例，这个价值710亿美元的韩国财阀集团炫耀着一个"芯片到轮船"的战略。现代制造了微处理器、通信卫星、客车、商务车、地铁、高速列车、工程总包和建筑监理、巨型油轮、天然液化气运输以及其他的许多产品。所有这些都用了现代这一名字。

现代公司制造除了钱以外的所有东西。

放眼整个亚洲，你会发现相同的模式。过度的产品线的延伸正在破坏品牌（当你扩张的时候，你削弱了品牌的力量；当你收缩的时候，你提升了品牌的力量)。

品牌不仅仅是营销会议上讨论的事情，它是公司的精髓。一家公司要良性生存就要依赖于品牌的建设。国家也是如此。

东亚并不存在金融问题、财务问题、货币问题，或者政治问题。

东亚存在品牌问题。

THE 22
IMMUTABLE
LAWS OF
BRANDING

第 10 章

延 伸 定 律
The Law of Extensions

要毁灭一个品牌，最容易的方法就是把这个品牌名用在所有产品上

许多品牌延伸的产品都无人问津，当顾客并不是很明确

地要购买你的产品时，创建更多的品牌毫无益处。

不必远到亚洲，近在美国，你也能发现产品线延伸成风。

在美国的杂货店和药店出售的新产品中，90%以上都是产品线的延伸。这也是商店挤满了品牌的主要原因（那里有1 300种洗发水、200种麦片、250种软饮料）。

数据显示，很多品牌延伸的产品（至少在超市里）都放在货架上积满灰尘。在对哥伦布市的克罗格超市（Kroger）的调查中发现，一个商店平均有23 000种商品，一天内可以售出的有6 700种，一周内可以售出的有13 600种，一个月内可以售出的有17 500种，剩余的5 500种商品在整个月内没有销售记录。

在我们看来，这种产品线过度延伸导致了零售商们索要更多的让利促销、上柜费和退货权。

根据行业专家的分析，零售商的作用正在渐渐超过制造商，主要原因就是产品线延伸。由于可供选择的产品很多，零售商能够强迫制造商支付产品货架空间的进场费。如果一家制造商不愿支付，零售商总能找到其他愿意支付的公司。

在产品线延伸上，没有什么行业比啤酒行业更严重了。17世纪中叶，在米勒淡啤酒（Mille Lite）推出以前，市场上有3个主要的啤酒品牌：百威、米勒高品质生活（Miller High Life）、酷尔斯宴会（Coors Banquet）。

今天，这3个品牌已经变成了14个：百威、百威淡啤（Bud Light）、百威干啤（Bud Dry）、百威冰啤（Bud Ice）、米勒高品质生活、米勒淡啤、米勒纯生（Miller Genuine Draft）、米勒纯生淡啤（Miller Genuine Draft Light）、米勒珍藏（Miller Reserve）、米勒珍藏淡啤（Miller Reserve Light）、米勒珍藏琥珀浓啤（Miller Reserve Amber Ale）、酷尔斯、酷尔斯淡啤（Coors Light）、酷尔斯特金（Coors Extra Gold）。

这14个品牌的市场份额已经超过了过去3个品牌的市场份额了吗？并非如此。可能的确有些增长，但增幅并没有像你想象的那么大。大品牌总会给小品牌带来压力，正是同样的道理，可口可乐和百事可乐侵吞了皇冠可乐的市场份额。

这14个不同种类的现有品牌如百威、米勒和酷尔斯增加了啤酒的消费了吗？没有。人均啤酒的消费在过去的25年里并没有多大变化（可乐的消费在同一时间内几乎翻了一倍）。

当你的顾客不是明确地要购买你的产品时，为什么你还需要更多的品牌来满足那些顾客呢？逻辑表明，你实际需要的品牌更少。

然而，这是顾客的逻辑，制造商的逻辑则不同。如果销量上没什么成绩，制造商就认为需要更多的品牌以便保持或提高销售。当一个品类的销售不断增加时，就有建立新品牌的契机，但制造商的逻辑认为并不需要新品牌，"我们已经做得很好了，我们不需要更多的品牌"。

结果，在市场上不需要品牌的领域内到处都是产品线延伸，而在需要品牌的领域内却没有新品牌。情况就是如此。

产品线延伸加剧的另一个原因是公司具有模仿竞争对手的天性。米勒推出米勒淡啤后，市场上很快相继出现了舒立滋淡啤（Schlitz Light）、酷尔斯淡啤、百威淡啤、布希淡啤（Busch Light）、麦基罗淡啤（Michelob Light）、蓝带淡啤（Pabst Light）。淡啤真是无穷无尽。

为什么米勒会推出一个大多数喝啤酒的人都没有听说过的品牌——米勒常规（Regular）？因为安海斯－布希（Anheuser Busch）有"常规百威"，酷尔斯有"常规酷尔斯"，而米勒没有一个常规的啤酒。

不要笑。这是公司的思维方式。竞争对手一定还知道一些我们不明白的事情，那么我们就照他们的做法来做。

90%的新品牌都是产品线的延伸，其中一个原因是因为管理层衡量的是延伸定律上错误的一端，仅仅衡量了品牌延伸成功的一面，而没有看到核心品牌受到的侵蚀。

还不仅是侵蚀，同时也失去了机遇。强大的品牌所占的市场份额应该接近50%，就像可口可乐、亨氏、Pop-Tarts、吉露、嘉宝（Gerber's）。但是，这样的品牌并不多，很多大品牌都因为产品线延伸而趋向消亡。

■ 百威（所有系列）在啤酒市场上的份额约为30%。

■ 万宝路 [一个至少有一打不同类型的品牌，包括轻度万宝路（Marlboro Lights）、中度万宝路（Marlboro Medium）和薄荷万宝路（Marlboro Menthol）] 只占香烟市场的 30%。

■ IBM 仅占个人计算机市场的 6%。

当酷尔斯计划推出酷尔斯淡啤时，我们询问了一位管理人员，酷尔斯淡啤的业务将从哪里来？

"嗯，我们准备从百威和米勒那里分得业务。"

当百威打算推出百威淡啤时，其目标就是米勒和酷尔斯。

当米勒打算推出米勒淡啤时，其目标就是百威和酷尔斯。

也许这种观念对于一般的执行总裁来说很难理解，但是，酷尔斯淡啤的饮用者不是更有可能是来自酷尔斯的顾客吗？而百威淡啤饮用者难道不是更有可能来自百威的顾客吗？同样，米勒淡啤的饮用者不是更有可能来自米勒高品质生活的顾客吗？

的确，数据证实了这个结论。自从这 3 种淡啤推出以来，另 3 种常规品牌销量都下滑了。

[那么，你是怎样看待酷尔斯落基山泉水（Coors Rocky Mountain Spring Water）的？它于 1990 年推出市场，于 1992 年退出市场。没有人感到悲伤，不是所有的啤酒饮用者都会从啤酒转向山泉水的。]

你可能在想，市场正在由常规啤酒向淡啤转换。这是事实。但是，这是两个市场，而且占有那两个市场的最好方法就是使用两个品牌。

然而，几乎所有的啤酒品牌都进行了产品线延伸。你是正确的。对那些理解品牌打造定律的人而言，这是多么好的一个机会。

实际上，在不久前，阿姆斯特淡啤（Amstel Light）成为进口淡啤的领先品牌。接下来，它的进口商喜力美国公司做了什么？它推出了阿姆斯特常规啤酒（Amstel Bier）和阿姆斯特1870啤酒。

谁在喝健怡可乐和百事轻怡？你真的认为低热量可乐的饮用者过去经常喝啤酒、姜汁汽水或橙汁？我们可不这么认为。

健怡可乐分流自可口可乐。当然，健怡可乐的市场已经繁荣起来，这主要得归功于顾客对低卡热量产品的兴趣。但是，可口可乐应该做的本该是推出第二品牌。

事实上，它确实这样做了。在健怡百事成功之后，可口可乐开发了Tab，而且Tab发展得非常好。在健怡可乐推出的这段时间里，Tab领先了百事轻怡大约32%的市场份额。

哪一个是更好的品牌名，是百事轻怡还是Tab？如果产品线延伸是建设品牌的较好的方法，那么，为什么Tab的市场份额领先了百事轻怡几乎1/3？

当然，它把阿斯巴甜从Tab品牌中分离出来，而仅用于健怡可乐上（可口可乐公司的这种行为差点扼杀了Tab）。但是，你很难将一个好概念挤出市场。Tab在几乎没有促销支持的情况下依然能够存在。

当低脂潮遍布甜面包市场时，几乎每一个品牌都为它的常规甜面包品牌推出了产品线延伸品。事实上，第一个无脂甜面包和早期的领先者是纳比斯科（Nabsico）生产的脱脂纽顿（Fig Newtons）。

纳比斯科公司同时也推出了一个新品牌，叫 Snack Well's。脱脂纽顿的成功不大不小，但 Snack Well's 却成为食品杂货店中的七大最畅销产品之一，位居健怡可乐之后。

接下来 Snack Well's 做了什么？你已经猜到问题的答案了。除了厨房水池之外，每一样东西都用它来命名。很自然，Snack Well's 的销量一落千丈。

很明显，这是建设品牌和榨取品牌之间的差异。大多数经理都想要从品牌中榨取更多，"我们的品牌能延伸多远？让我们投入大量的研究经费来找到答案吧"。

施得令制药（Sterling Drug）是广告投放和市场调研的大客户。它的大品牌有拜尔阿司匹林，但是阿司匹林输给了退热净（acetaminophen，解热镇痛药）、泰诺（Tylenol）和布络芬（ibuprofen）、艾得维（Advil）。

于是，施得令制药投入了 1.16 亿美元来投放广告和推行营销策划，推出 5 种"不含阿司匹林"的一系列产品。拜尔系列包括减轻头痛、治疗伤痛、夜间疼痛诊治、窦道疼痛治疗⊖、月经疼痛治疗，所有这些产品都包含退热净或者布络芬作为核心成分。

结果很惨，第一年拜尔系列在 25 亿美元的镇痛药市场上仅占到了 2 600 万美元的销售额，或者说仅占市场的 1%。更糟糕的

⊖ 窦道是指深部组织借外口通向体表的病理性盲管。——译者注

是，常规拜尔阿司匹林的销量每年都下降10%。如果制造商告诉你，它所"选择"的产品更好，因为它们"不含阿司匹林"，你为什么还要购买拜尔阿司匹林呢？

难道消费者是愚蠢的吗？

很多制造商最大的敌人是他们自己，像淡的、清爽的、健康的、脱脂的这类产品线延伸说明了什么？它告诉消费者那些常规的产品对于他们是没有好处的。

- 亨氏清淡调味番茄酱？难道你不认为这会导致顾客们觉得调味番茄酱是高热量的吗？[现在，沙司的销量已经超过了调味番茄酱。随着岁月的推移，我们相信将来会看到一个名叫佩斯淡沙司（Pace Light salsa）的品牌]。
- 好乐门清淡蛋黄酱（Hellmann's Light mayonnaise）？同样的问题。
- 金宝健康特需汤（Campbell's Healthy Request soup）？常规的汤不健康吗？
- 水晶百事？普通百事可乐的颜色有什么问题吗？

依云是否应该推出无盐依云山泉水呢？（核对一下标签，在每升的常规依云里含有10毫克的硫化盐，可能有很多喜欢不含硫化盐的人）。

让我们限制一下品牌的发展吧。在你进行产品线延伸前，

自问一下，当你既有品牌的顾客看到延伸产品时，他们会想到

什么？

　　如果市场超乎你的想象，你就暂且等待守住原阵地，然后推

出你的第二品牌。如果不是，继续建设你的既有品牌。

THE 22
IMMUTABLE
LAWS OF
BRANDING

第 11 章

伙伴定律
The Law of Fellowship

为了推动某个品类的发展，应该欢迎其他品牌加入

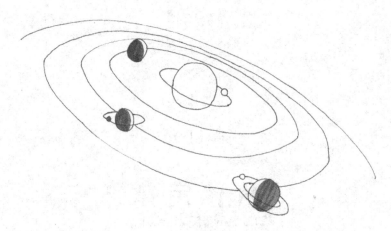

　　市场领导品牌要容忍竞争者，更要欢迎它们，这样才能

互生共存。

贪婪是正确判断的最大障碍。在某一品类中占有优势的品牌，为了不放过任何一小块市场份额，经常会设法扩大它的吸引力。

"如果我们从事啤酒和葡萄酒的行业，"麦当劳的CEO曾经说过，"我们最终会100%地拥有食品服务市场。"

这是不可能的。扩张定律论证了相反的事实。当你扩张你的品牌时，你就削弱了它。当麦当劳试图用招牌汉堡（Arch Deluxe）涉足成年人市场时，看看发生了什么，它的市场份额下降了，而且最终它被迫放弃了这个产品。

伙伴定律是怎么得出来的。领先品牌不仅仅要能容忍竞争者，还应该欢迎它们。对可口可乐来说最好的事情就是有了百事可乐（讽刺的是，最后可口可乐公司因为百事可乐在名称也用了"可乐"这个词，而与百事可乐公司对簿公堂。对于可口可乐而言，幸运的是它败诉了。从那以后，这个新品类得到了快速增长）。

选择刺激了需求。百事可乐和可口可乐公司之间的竞争使顾客对可乐这个词产生了浓厚的兴趣，两种产品的消费量都上升了。

记住，即使不存在竞争，顾客也拥有选择权。他们可以选择啤酒、水、酒类饮料或橙汁来代替可乐。在一个品类中，竞争增加了噪声级别，并能促进销量的增长。

竞争同时也会拓宽这个品类，使得品牌可以聚焦于某一点。如果可口可乐吸引年纪大的顾客而百事可乐吸引年轻人，那么两个品牌就可以缩小目标（而且富有力量），同时拓宽这个市场。

顾客们对竞争有反应，是因为选择被看作一项重要的利益。

如果没有选择，顾客就会怀疑。也许这种产品有缺点？也许价格太高了？谁会去购买一个没有其他品牌可形成对比的品牌呢？

你会发现一个大型、发展中的、爆发的市场中总是有几个主要品牌。以办公用品超市为例，这个市场上有3个品牌在激烈竞争：欧迪办公（Office Depot）、Office Max 和史泰博（Staples）。

这种竞争的影响很大，独立发展的办公文具商店数量锐减，从过去10年间的将近10 000家下降到现在的3 000家。

与欢迎竞争相反，有一些公司常常会感到威胁，因为它们认为将来的市场份额会建立在少数几个品牌的优势上。大多数公司甚至不希望存在竞争，它们想要一种不平等的优势，只倾向于它们自己这一方的有利优势。所以，它们认为应该在竞争对手还没有完全建立起来就将之驱逐出去。

然而，在这样一个过程中，它们成了品牌打造法则的牺牲品。扩张、产品线延伸和其他扩宽品牌吸引力的战略最终会削弱品牌。

市场份额并不建立在什么优势上，而是建立在品牌在人们心智中的力量之上。从长远的观点来看，一个品牌并不一定是一个高质量的产品，但必须是一个高质量的名字。

当然顾客可以有更多的选择。更多的品牌，更多的口味，更多的种类，在品类上更多的混淆，以及更低的人均消费量。

对于每一个品类来说，最理想的状态是有两个主要品牌。例如，在可乐市场上的可口可乐和百事可乐，在胶片市场上的柯达和富士，在视频游戏市场上的任天堂和 Play Station，在电池市场上的金霸王（Duracell）和劲量（Energizer）。

当存在太多选择时，消费就会受挫。以葡萄酒为例，仅在加利福尼亚就有超过1 000家葡萄酒酿造厂和5 000多个葡萄酒品牌。《葡萄酒鉴赏家》（*Wine Spectator*）杂志公布的葡萄酒年度排名结果中大约列出了24 000种各不相同的葡萄酒（如果每天喝一瓶，那么至少要用超过65年的时间才能喝遍每种酒。最终你可能因为年纪太大而记不住哪种葡萄酒是你最喜欢的）。

有这么多的选择，你也许会认为美国人饮用了大量的葡萄酒。但是我们不这样认为。在美国，葡萄酒的人均消费仅为法国的1/10，意大利的1/9，即使一个普通德国人也比一个美国人要多饮3.5倍的葡萄酒。

由于有如此多的小型葡萄园，如此多的不同种类，以及许多对口感有独特品位的葡萄酒鉴赏家，葡萄酒行业似乎还需要增加一些品牌。"这就是葡萄酒行业发展的方向，"行业专家指出，"葡萄酒需要更多的品牌、更多的收获酿造期和更多的种类。""每一亩地都有它自己的品牌"似乎就要成为一句箴言。

这也许是葡萄酒行业的规则，但并不是打造品牌的法则。有一天，总会有某家公司能像绝对伏特加和杰克丹尼分别在伏特加和威士忌领域中所做的一样：建立一个强大的全球性品牌。

你会发现伙伴定律在零售领域里也同样发挥着作用。一家商店可能会经营不下去，几家商店在一起则会生意兴隆。与延伸到城市的每个地区不同，二手车经销商们沿着"汽车行"形成一个群体。一个经销商遇到生存危机的地方，好几个经销商聚集起来却会蓬勃发展，这就是伙伴定律的威力。

在任何一个大城市里，你都可以看到伙伴定律被运用。类似的商业组织倾向于聚集在邻近的区域。例如在纽约市，你会发现服装市场在第7大街，金融区在华尔街，钻石市场在第47大街，广告公司在麦迪逊大街，剧院在百老汇，特色餐厅在西57大街，艺术画廊在 SoHo 区。

把相似的行业聚集到一起都是很有意义的：第一，由于不仅仅有一家商店出售一类商品，一群相似的商店会吸引更多的顾客来到这个区域。第二，顾客们可以很容易地在一些商店之间对比购物。如果没有了比较，顾客们感到一些公司可能会占他们的便宜，甚至会侵犯他们的利益（航空公司在这方面具有声誉）。第三，有竞争近在身旁，会促使公司彼此关注对方。公司总想明白它们行业的趋向。

好莱坞星球（Planet Hollywood）为它的餐厅在城市中找到一个最佳位置，就是在它的主要竞争对手硬石咖啡（Hard Rock Cafe）对面的街道。对主题餐厅感兴趣的人们已经被硬石咖啡店吸引到这个区域，而他们也很容易被吸引穿过大街到好莱坞星球餐厅用餐。类似地，对一家汉堡王特许店来说，最好的位置就是在麦当劳的街对面。

以密苏里州的布莱森（Branson）为例，它宣称自己是"世界音乐秀之都"。在一个人口只有 3 706 人的小镇上，一家音乐剧院很难维持下去，有40家一同经营就会繁荣。这都是伙伴定律的力量。

你的品牌应该欢迎良性竞争，它常常会把更多的顾客引入这一品类。

要记住，没有一个品牌会永远拥有整个市场（当然，除非它是一个政府支持的垄断行业）。

事实上，一个具有支配能力的品牌要达到多少市场份额呢？我们的调查表明，50%大约就是上限了。

联邦快递在国内隔夜达的包裹快递市场上占有45%的份额，可口可乐占据了国内50%的可乐市场。如果市场份额超过了50%，你就应该考虑推出多重品牌，并不仅仅是产品线延伸，而是分开的独立的品牌（见第15章兄弟定律）。

THE 22
IMMUTABLE
LAWS OF
BRANDING

第 12 章

通 用 定 律
The Law of the Generic

给一个品牌起一个通用名称是招致失败的最快途径之一

　　一个通用性的品牌名称注定会失败，因为它很难与竞争

对手区别开来。

历史常常将我们导入歧途。过去，一些最成功的企业（和品牌）总是以通用性的名称出现。

- 通用汽车、通用电气、通用磨坊（General Mills）、通用食品（General Foods）、通用动力（General Dynamics）。

- 标准石油（Standard Oil）、标准品牌公司（Standard Brands）、标准注册公司（Standard Register Company）、标准产品公司（Standard Products Company）。

- 美国航空公司（American Airlines）、美国汽车公司（American Motors）、美国广播公司（American Broadcasting Company）、美国电话电报公司（American Telephone & Telegraph）、美国运通公司、美国铝业公司（Aluminum Company of America）。

- 全国广播公司（National Broadcasting Company）、全国饼干公司（National Biscuit Company）、全国汽车出租公司（National Car Rental）。

- 国际商业机器公司（International Business Machines）、国际造纸（International Paper）、国际收割机公司（International Harvester）、国际镍铬公司（International Nickel）。

一些企业甚至试图将两个或者更多个这类把"所有的东西给所有的人"的傲慢的名称合在一起使用。例如，美国通用人寿和事故保险公司（American General Life and Accident Insurance

Company）。（我们奇怪的是为什么没有人想用"国际通用美国标准产品公司"这个名称。）

过去，公司认为它们需要大的、全范围的、通用性的名称，并且品牌名称几乎总是企业名称（现在，如果还采用这样的方法，就会出现通用全球公司这样的名称了）。然而，这种命名策略确实在过去发挥了作用。这是为什么呢？

数年前，市场上充满了由成千上万的小公司生产的产品，这些小公司在某个城镇或地区运作。庞大的、范围广泛的通用性名称就将这些小的竞争者圈定在自己的活动领域。

现在，许多这些"通用""标准""美国""全国"以及"国际"公司仍然在运作（并且仍然是成功的），其中的一些是世界上最大、最著名的品牌。

事实上，不管它们的名称怎样，这些品牌式公司还是成功的。

我们相信这些公司取得成功的主要原因不在于其名称而在于其战略。

- 全国饼干公司是美国第一家饼干公司。
- 通用电气是第一家普通电器公司。
- 国际收割机是第一家国际收割机公司。

抢先出现在市场上使得这些公司在市场上获得一个很好的开端和强劲的表现，这一点弥补了它们的通用名称产生的不利因素。

从普通（或通用）名称向特殊名称转变的例子有许多：纳贝斯克（Nabisco）、美国铝业（Alcoa）、全国广播公司（NBC）、通用电气（GE）、美国广播公司（ABC）、国际商用机器公司（IBM）。

美国有许多饼干公司，但是只有一家纳贝斯克。在美国有许多铝业公司，但是仅有一家 Alcoa。美国有许多全国的广播公司，但是只有一家 NBC。

当然，我们确信 NBC 总是把自己看成全国性广播公司，而不是一家"全国的广播公司"。

最大的错误往往发生在选择品牌名称的时候，比如在选择品牌名称时注重视觉而忽略语言。

主管人员经常对排版设计后安装在泡沫板上的特定的品牌名称的标志图案评头论足。

但是，绝大多数的品牌名称是通过语言传播的，而不是通过视觉图案传播的。一般来讲，平均每个人听收音机及电视播音的时间是他看杂志和报纸的 9 倍。

一个通用性的品牌名称存在的问题是它不能与竞争对手的品牌区别开来。例如，在营养补品领域，有一个名叫自然资源（Nature's Resource）的品牌正每年花费 500 万美元来打入这个发展中的市场。

于是，在你当地的 GNC 商店的货架上，你就会发现以下一些产品。

- 自然答案（Nature's Answer）

- 自然礼品（Naturc's Bounty）

- 自然本草（Nature's Herb）

- 自然秘密（Nature's Secret）

- 自然方法（Nature's Way）

- 自然最佳（Nature's Best）

- 自然之门（Nature's Gate）

- 自然附加（Nature's Plus）

- 天然阳光产品（Nature's Sunshine Products）

- 自然作品（Nature's Works）

所有这些普通品牌都将在顾客的心目中留下印象并将成为一个主流品牌吗？不太可能。

甚至传说中的李·艾柯卡（Lee Iacocca）——野马（Mustang）的创始人及克莱斯勒汽车公司前任CEO（两个很有分量的品牌名称），他在自己创办公司时也采取了一个普通的做法，名叫全球电动车辆公司（EV Global Motors）。他的公司推出了售价995美元的电动自行车。我们估计不会有顾客去买一辆"全球电动自行车"。

用李（Lee）作为品牌名称怎么样？像思汶（Schwinn）、崔克（Trek）或者佳能得（Cannondale）那样？

高科技领域中有很多通用性的品牌名，在品牌识别方面很难有所区隔。安全软件系统公司（Security Software Systems）、动力数据技术公司（Power and Data Technology）、服务器技术公司（Server Technology），把这些名称与微软、戴尔及英特尔相比，你就可以发现一个独特的品牌名超越通用性名称的力量。

迈克菲（McAfee Associates）是杀毒软件的领先设计者，最近花13亿美元收购了Network General，猜猜它选用了一个什么样的新名称？

它放弃了迈克菲，它用"名称＋名称"的方式把两个通用名称组合在一起：网络协会（Network Associates）。它知道名称有问题，因此正在花1 000万美元展开公司首次的电视广告攻势，其中包括投放超过100万美元的花费赞助超级碗球赛。

随着30秒钟的电视广告的飞逝，观众听到的究竟是通指的网络协会（network associates）还是网络协会公司？通用性的名称消失得无影无踪，只有品牌名在人们的心智中产生了效力。

"男士"染发剂（Just for Man）正在花费大量的金钱以设法建立它的品牌。观看了电视广告之后，灰头发的男人或许会想："那种只给男人用的染发剂叫什么来着？"

没有人说过应该不断地为一个已经建立的品牌发明一个全新的名称，尽管对一个真正具有革新意义且一定时间内不可能被模仿的产品或者服务来讲，这通常也是一个好的战略。

通常，你应做的就是找一个常规的词，用这个词字面之外的意思来暗示出你的品牌的主要特点。

百视达音像（Blockbuster Video）是一个强有力的品牌名称，

而通用影碟出租（General Video Rental）就不是。

好莱坞常自夸它的影片"风靡一时"（*blockbuster*），因此"百视达音像"（英文名中借用了 blockbuster 一词）借用了这个词来暗示它出租的都是最好的电影。

巴吉特（Budget）是租车行业的一个强有力的品牌名称。"budget"（预算）这个词暗示其出租的汽车都是廉价的，而"廉价出租车"（Low-Cost Car Rental）则不是一个好的品牌名称。

瑟维斯商品公司（Service Merchandise）是一家资产达 40 亿美元的公司，却用了"通用影视"（General Video）这样的名称。这真是太糟糕了，公司的理念是引人注目的，但是它通用性的名称却把品牌模糊化了。

依我们来看，取名为"豪华汽车公司"（Luxury Car Company）的公司应该没什么作为。但是丰田利用了"luxury"（豪华）这个单词，去掉少数几个字母，发展成了"Lexus"（雷克萨斯），一个非常好的日本豪华汽车品牌名称。

一些天才利用一种特殊的办公产品的名称"钉书钉"（staple）这个单词建立了史泰博（Staples），这是一个能给人深刻印象办公用品供应公司的品牌名称，一语双关，特别有效，"从'史泰博'购买办公用的钉书钉"。⊖

有时，你可以通过把一个普通的名称一分为二来创造一个品牌名称。这常常在创建一个短的、与众不同的、容易记住的

⊖ 在这一句话的英文表述中，史泰博和钉书钉是同一个单词。——译者注

品牌名称时具有更多的优点。"智能芯片公司"（Intelligent Chip Company）是一个冗长的品牌名称，但是"英特尔公司"（Intel Corp）就很棒。

"智能芯片在里面"（Intelligent Chip inside）是一个令人厌烦的广告口号。所有的计算机内部都具有智能芯片，但是只有顶级的产品具有"英特尔内置"（Intel inside）。

品牌延伸在市场中进展不好的一个原因就是它们通常给品牌起一个通用性的名称。虚弱的通用性名称难以成功地创建一种独特的个性，而独特个性正是品牌命名过程的核心所在。"米狮龙淡啤"（Michelob Light，是一个品牌）在顾客的心智中就被理解成"米狮龙淡啤酒"（Michelob light，是一种啤酒），是普通啤酒用水冲淡后的品种。

人的大脑不处理文字或拼写，它根据听到的声音来理解含义。你可以将想要大写的所有文字全部大写，但是心智中一个通用性单词的含义就是其一般文字字面的意思，与拼写的方式无关。

有的公司可能也会比较幸运。延伸品牌"凡士林特别护理"（Vaseline Intensive Care）乳液成为护手霜的第一品牌，因为顾客不经意地将"特别护理"（Intensive Care）看作一个品牌名，而不是一个描述性的普通名称。

我们是如何得知这一点的呢？因为顾客把这个产品称为"特别护理"，"给我拿一瓶特别护理（Intensive Care）"。[⊖]

⊖ 针对这款产品的称呼，在美国和中国的顾客会有所不同，下同。——译者注

顾客没有讲"给我拿凡士林"（Vaseline），当然，除非他们要的是凡士林。

另一方面，如果凡士林遵循了传统的品牌延伸思想，它应该把这个品牌命名为"凡士林重护理"（Heavy Duty）护肤液。"给我拿一瓶'重度护理（Heavy Duty）'"可不是人们喜欢说的。"重度护理"是一个通用性的名称。

所以"旁氏"（Chesebrough-Pond's）为什么在起初没有将品牌命名为"特别护理"呢？这是一个不错的问题，也是一个很好的思考。接下来，你可以看下一条定律了。

THE 22
IMMUTABLE
LAWS OF
BRANDING

第 13 章

公司定律
The Law of the Company

品牌就是品牌，公司就是公司，两者并不一样

　　品牌名称必须始终优先于公司名称，消费者购买的是品

牌，而不是公司。

在打造品牌的过程中，没有什么能比使用公司的名称更容易引起困惑的了。

- 公司名称应该主导品牌名称吗？例如：微软主导着微软 Word。
- 品牌名称应该主导公司名称吗？例如：汰渍主导着宝洁。
- 还是应该给予它们同等的地位？例如：吉列超感（Gillette Sensor）。

如何使用一个公司名称的问题既简单又复杂。简单，是因为定律是如此的显而易见；复杂，是因为绝大多数的公司没有遵循打造品牌的简单定律，从而违反逻辑并导致品牌名和公司名之间无止境的争论。

品牌名称应该几乎总是优先于公司名称。消费者购买品牌，他们并不购买公司。因此当一个公司名称像一个品牌名称一样（通用电气、可口可乐、IBM、施乐、英特尔）被单独使用时，消费者就把它看作品牌。

当你用一个明确而又一贯的方式将一家公司的名称和品牌名称组合在一起时，品牌名称就成为主要的名称，而公司名称则被看作次要的名称，比如通用汽车公司的凯迪拉克。

只要简单地观察就能发现，当消费者有一个可以使用的品牌名称时，就几乎不会使用一家公司的名称。比如人们会说："你觉得我的新凯迪拉克怎么样？"

没有人会说："你觉得我这辆新的通用汽车公司的豪华轿车怎么样？"

请牢记，只要公司名称没有被用作品牌名称，公司就是公司，品牌就是品牌，它们之间是有区别的。公司是一个制造或生产品牌的组织，而不是品牌本身。微软不是文字处理程序（Word），宝洁不是汰渍。微软生产了许多产品，文字处理程序是其中之一；宝洁生产了许多产品，其中之一是汰渍。

尽管它通常不是制定品牌的最佳策略，但仍然具有意义。否则，除非有迫不得已的原因，最佳的制定品牌的策略就应该是把公司的名称作为品牌名称。

伍德40（WD-40）公司生产伍德40品牌，芝宝（Zippo）公司生产芝宝（Zippo）品牌，可口可乐公司生产可口可乐品牌，简洁、简单、直接、易于理解。

（1）可口可乐是什么？

（2）芝宝是什么？

（3）伍德 –40 是什么？

当你作为一个顾客或者潜在顾客时，脑子里立刻出现的答案会是：

（1）可乐。

（2）防风打火机。

（3）润滑喷剂。

但是，如果你是可口可乐、芝宝或伍德–40 的员工，答案通常会不同：它是支票上所署的名称，它是"我工作的公司"。

经理人当然也是雇员。这就是为什么管理层是公司导向的，而消费者是品牌导向的。

消费者关心雷克萨斯究竟是丰田、本田还是日产公司制造的吗？可能不会。但是，丰田美国公司的总裁当然会关心。

消费者关心究竟是纳贝斯克、卡夫还是奇宝（Keebler）公司生产奥利奥饼干吗？大概不会。但是，纳贝斯克公司内部运作奥利奥品牌的营销经理当然关心这一点。

你真的关心这本书的出版商是哈珀柯林斯（HarperBusiness）、西蒙–舒斯特（Simon & Schuster），还是麦格劳–希尔（McGraw-Hill）吗？（不看书脊，你也能知道吗？）

然而，大卫·康迪（David Conti）会关心（在哈珀柯林斯公司，他是这本书的编辑，而且也是一位杰出的编辑）。

由内部而来的观点与外部而来的观点是完全不同的。经理人员必须不断地提醒自己，消费者关心的仅仅是品牌，而不是公司。

事实上，消费者对于品牌的认知还更深一步。品牌不仅仅是制造商放在包装上的名称，它就是产品本身。对于一个顾客而言，可口可乐首先是一种暗色的、甜的、微红褐色的液体。品牌名称是消费者用来描述那种液体的词汇。打造品牌的过程中最重要的就是瓶内所装的东西，可口可乐就是给这个液体本身做品牌。

可口可乐并非是指可口可乐公司的产品。这种可乐本身就是可口可乐，是正宗的原创饮料。这一特性是一个有效的品牌战略的核心所在。

如果一家公司能完全从消费者的观点来打造品牌，它永远也不会推出一种名叫"新可乐"的产品。你如何能够拥有一种新的、可能是更好的可乐？原先的可乐又如何会变得不好？究竟为什么要改变它？这就像介绍一个新上帝一样。

同样的道理，劳力士不是由劳力士手表公司生产的一块昂贵的运动手表。一款劳力士就是你戴在手腕上的东西。

- 普波饼（Pop-Tarts）是你放在烤面包机上的东西。
- 邦迪是你包在伤口上的东西。
- 泰诺是你用来治头痛的东西。

面对大多数公司名称与品牌名称对峙的问题，你都可以问自己两个问题：

（1）品牌的名称是什么？

（2）包装里的东西叫什么名字？

两个名称最好一样，否则就有大问题。

我们来看看，当你在包装上同时使用公司名称与品牌名称时，会发生什么？让我们来看微软 Excel 吧。

名称中"微软"那部分是多余的，除了微软没有别的公司生产 Excel 软件。由于顾客想尽可能地简化名称，微软 Excel 很快就被简称为 Excel，"我们买 Excel 吧"。

微软 Word 是另一个问题。"Word"是一个通用性的名词，而且，微软的许多竞争对手在它们自己的产品名称里都使用了"Word"这个词，WordPerfect、WordStar 等。其结果是，消费者往往使用产品的完整名称——"微软 Word"。从公司的观点来看，这样不一定好。作为一个通用的法则，你要让你的品牌名尽可能简短，尽可能令人难以忘记（短的名称可以大大地提高人们将你的品牌名称口碑传播的可能性）。

当顾客感到他们不得不将你的公司名称和品牌名称一起使用时，通常情况下，你就存在一个打造品牌的问题（正常情况是因为你给品牌起了一个通用性的名称）。例如，金宝汤（Campbell's Chunky soup）。

这个产品是"浓"汤还是矮胖汤？⊖顾客们无法确定，于是他们只能找"金宝汤"这个长名称。金宝汤应该使用一个有所区别的品牌名称。

再看看索尼特丽珑（Trinitron）。特丽珑是一种阴极射线管呢，还是电视机的品牌名称呢？顾客们同样不能确定，因此他们只能找索尼特丽珑。

要考虑到顾客，最容易、最简单的方法就是宝洁公司的方法：在包装上用醒目的粗体的品牌名称，而把"宝洁公司"以很小的字体显示在底部。这也是宝洁公司处理波德（Bold）、奇尔

⊖ chunky 有"矮胖"的意思。——译者注

（Cheer）、象牙（Ivory）、汰渍等品牌包装上公司名称的方法。

但是有一种情况下要走中间路线。现在，一些更加理性的、有辨别力的顾客可能想要了解哪家公司创建了某一品牌。可是，他们又不想将公司与品牌两个名称一起使用。没有人将一辆讴歌叫作本田讴歌，或者将一辆林肯叫作福特林肯。

此外，同样值得关注的问题还有关品牌的贸易商（这包括零售商和分销商）。例如，我们到什么地方能够订购到汰渍呢？

对许多品牌来讲，一个答案是将公司名称缩小放在品牌名称之上。只习惯使用品牌名的那些顾客几乎不会注意到公司名称。然而，贸易商及现在更加老练的顾客就能够轻松地发现品牌后面的公司名称。

不过，危险在于公司内部。在这样打造品牌的策略下，你的大脑里会充斥着一些建议。例如，"我们为什么不能将公司名称做得更大一点？我们正在浪费所有这样的机会提升我们的股票，改善雇员关系，建立更好的贸易关系。"（也会有其他想法，比如你应该把公司名称彻底从包装上撤下来。）

看看吉列发生了什么情况。Trac II 和 Atra 剃须刀在品牌名称的上面都用了一个较小的"吉列"字样。

接着后来出现了"超感"系列，公司决定将"吉列"和"超感"做成一样大的尺寸。这可不是一个好主意。品牌名称应该优先于公司名称。

推出锋速3（Mach 3）时，吉列又返回到原来的基本情况，锋速 3 居于优先地位。

在打造品牌方面，再没有什么问题会比公司名称的正确定位及功能讨论得更彻底了。然而，在大多数情况下，这本该不是什么问题。

你关注的焦点应该是品牌本身。如果你不得不用公司名称来做品牌名称的话，你就用吧，但这只是退而求其次的做法。

THE 22
IMMUTABLE
LAWS OF
BRANDING

第 14 章

副品牌定律
The Law of Subbrands

凡是打造品牌所创建的一切，副品牌策略都能将它毁于一旦

　　一个品牌的本质是某个可以在消费者心智中占据的特征，而打造副品牌是个背道而驰的概念，它会使核心品牌毁于一旦。

为了使品牌在打造中合情合理地转向他们想要的结果，管理层会趋向于创造一些专用名词。

- 假日酒店是酒店和汽车酒店的领先经营者，它想进入高档酒店的领域。
- 凯迪拉克是美国高档汽车的领先制造商，它准备推出一种小型的汽车。
- 沃特福德（Waterford）是爱尔兰水晶饰品的领先制造商，它准备走相对廉价的路线。
- 唐娜·卡兰（Donna Karan）是顶级的设计师，她想销售便宜的休闲服装。

根据典型的产品线延伸，以上相应的产品就会被命名为豪华假日酒店、轻型凯迪拉克、廉价沃特弗德、休闲唐娜·卡兰。即使是最没有经验的营销人员也很难接受这些品牌名称。

那怎么办呢？发明一个副品牌吧。于是，我们有了皇冠假日酒店（Crowne Plaza）、凯迪拉克凯帝（Catera）、沃特福德－马奎斯（Marquis by Waterford）及DKNY。现在，我们也有自己的蛋糕可以享用了。在拥有知名的核心品牌的同时，我们也能推出一个第二品牌或副品牌进军新领域了。

但是，在会议室里听起来有道理的事情往往在市场上就没什么意义了。

- 会有人走进一家假日酒店，向服务员询问说："难道你们没有更贵的旅馆可以让我住吗？"

- 会有人走进一家凯迪拉克经销商的展厅并询问："你们没有更小型的凯迪拉克吗？"（或许是更大，而非更小。）

- 会有人走进一家布鲁明戴尔（Bloomingdale's）百货商店，并且询问营业员说："难道你们没有便宜的沃特福德吗？"

- 会有人进一家唐娜·卡兰展览室并询问："这里的套装很不错，不过在哪里能买到她设计的汗衫？"

营销世界里充斥着概念性的想法，而这些想法与现实世界并无关系。打造副品牌就是这些概念中的一个。

对皇冠假日酒店的客户做的一份调查结果可能与你的想法一致："旅馆不错，但是作为一家假日酒店而言稍贵了一些。"公司最终获得了这一信息并着手割断与原知名品牌之间的关联。从现在起，那些饭店将会以皇冠的名义出现。

凯迪拉克的代理商是你在世界上能找到一辆小型（凯迪拉克）汽车的最后一个地方了。起初他们推出了西马龙（Cimarron），但没什么成绩并最终停产了。自然，凯迪拉克不会放弃，它最新的小型汽车叫作凯迪拉克凯帝。

另一方面，沃特福德的马奎斯取得了很大的成功，但是部分原因是走了高价路线。你不得不问问自己，在营销中是否也有格雷欣法则（Gresham's Law）[⊖]存在。我们认为，马奎斯迟早会严重地侵蚀沃特福德的常规产品。

唐娜·卡兰已经向很多个方向分散性发展。除了基本的产品线以外，还有唐娜·卡兰男装、DKNY、DKNY男装、DKNY童装，公司也已进军贴身内衣及美容产品领域。最近，公司被路易威登集团（LVMH）收购。

顾客有大量的选择机会，副品牌设计者却有不同的猜想。顾客为什么会期望假日酒店拥有一家高档的酒店呢？难道顾客不是更想尝试希尔顿（Hilton）、凯悦（Hyatt）或万豪（Marriott）吗？为什么花了那么多钱却仍然要待在假日酒店里？这种想法是，如果我要付出很大代价，我当然想待在一家顶级品牌的酒店里。

打造副品牌是试图将核心品牌导入新方向的一种由内而外的品牌战略，它抓住了管理层的注意，不一定是因为它传递了什么，而是因为它承诺了什么。

尽管打造副品牌战略在皇冠假日酒店上受挫，假日酒店公司还是推出了快捷假日酒店（Holiday Inn Express）、假日酒店之选（Holiday Inn Select）、假日阳光狂欢胜地（Holiday Inn SunSpree Resorts）、假日花园酒店（Holiday Inn Garden Court）等。

假日酒店是怎样的酒店，大家都有明确的印象。事实上，这

⊖ 一条经济法则，也称"劣币"驱逐"良币"法则，意为在双本位货币制度的情况下，两种货币同时流通时，如果其中之一发生贬值，其实际价值相对低于另一种货币的价值，实际价值高于法定价值的"良币"将被普遍收藏起来，逐步从市场上消失，最终被驱逐出流通领域，实际价值低于法定价值的"劣币"将在市场上广泛成灾。——译者注

也是它长期执行的广告活动的主题："最好的惊喜就是没有惊喜"。

假日酒店之选是什么？去订一个房间，你就会感到惊喜。

打造副品牌已经受到了批评，因此营销机构正在重新考虑这种概念。前沿的开拓者今天更喜欢将这个概念称为主品牌或者大品牌战略，这在汽车行业里特别流行。

"福特不是我们的品牌，我们的品牌是：期望（Aspire）、环宇（Contour）、维多利亚皇冠（Crown Victoria）、护卫者（Escort）、野马（Mustang）、探针（Probe）、金牛座（Taurus）及雷鸟（Thunderbird）。"那么福特是什么？"福特是一个大品牌。"

"道奇（Dodge）不是我们的品牌，我们的品牌是：锋哲（Avenger）、勇士（Intrepid）、隐形（Neon Stealth）、卷云（Stratus）及蝰蛇（Viper）。"那么道奇是什么？"道奇是一个大品牌。"

你不能将自己的品牌体系放到一个对这一体系看法并不一致的市场中去。制造商眼中的品牌，在消费者看来却是一种款式。制造商眼中的统领性的大品牌，在消费者眼中却是一个品牌（消费者根本不理解"大品牌"的概念）。

即使这个行业的权威杂志《汽车新闻》（Automotive News）的出版商基思·柯瑞（Keith Crain），也对汽车营销人的行为半信半疑，"很多销售人员会告诉你那些单个的车型不是标示牌（标有商品厂家的牌子），而是品牌。我不知道车型还会在黄页上做广告"。

一个品牌能以不止一种的产品款式进行销售吗？当然可以，只要这些款式不会减损品牌的本质，这一本质就是将它与所有其他的品牌分离开来的某个想法或概念。

当你感觉到有必要建立副品牌时，你是在追逐市场，不是在创建品牌。

一个品牌的本质是某个可以在心智中占据的想法、特征或市场细分。打造副品牌却是一个背道而驰的概念，打造副品牌会破坏品牌建设起来的东西。

不是由市场推动起来的打造品牌的概念通常不会有什么成绩。打造副品牌、打造主品牌及打造大品牌并不是以消费者为导向的概念，它们在绝大多数消费者的心智中没有什么意义。

思考得简单些，像一位消费者那样思考，你的品牌将会更加成功。

THE 22
IMMUTABLE
LAWS OF
BRANDING

第 15 章

兄弟定律
The Law of Siblings

在合适的时间和地点推出第二品牌

　　家族品牌方法的关键是确保每个"兄弟"都有自己的特点，成为一个独立的品牌。不要试图给这些品牌一个家族的外观或身份，要使他们尽可能不同并相互区隔。

品牌定律似乎建议公司将其所有的资源都集中在一个单一市场的单一品牌上。保持品牌的聚集，忽略进军其他新领域的机会。

这是正确的。但是，公司推出第二品牌的时机还是会到来，或许还有第三甚至是第四品牌。

第二品牌战略并非适用于每一家公司。如果处理不当，第二品牌可能会削弱第一品牌的力量，而且浪费资源。

然而，在某些情况下，一个品牌家庭的发展可以确保一家公司对未来市场数十年的控制。

不妨来看看美国箭牌公司（Wm. Wrigley Jr. Company）。箭牌主导口香糖市场超过 100 年，已获取了数十亿美元的利润，但它并非只有一个品牌。现在，箭牌拥有一个品牌家族。

- Big Red（肉桂口味）
- 绿箭（Doublemint）（薄荷味）
- 益达（Extra）（无糖）
- Freedent（不粘牙）
- 黄箭（Juicy Fruit）（水果味）
- 白箭（Spearmint）（留兰香味）
- Winterfresh（清新口气）

品牌家族方法的关键是使每个"兄弟"都能以自己的特征为核心成为一个独立的品牌。不要给这些品牌一个家族的外观或者家族的身份。你要使每个品牌尽可能不同并且相互区隔。

箭牌做得并不完美。箭牌最初的三个品牌（黄箭、白箭和绿箭）很像产品线延伸，它们需要箭牌的名称来支持它们通用性的品牌名称。然而，Big Red、益达、Freedent 和 Winterfresh 可以代表它们自己，每一个都是完全独立的品牌。

绝大多数的经理人太注重某个特征的力量。为了成功推出一个新品牌，他们希望利用他们的品牌已经在消费者心智中建立起来的无形资产的价值。

因此，IBM 公司推出了诸如 IBM PCjr 之类的品牌，而 NyQuil 推出了 DayQuil 品牌，百视达影碟推出了百视达音乐，玩具反斗城推出了婴儿反斗城（Babies "Я" Us）。

时代公司（Time Inc.）成为世界上最大的杂志出版商，并不是通过它的核心品牌的产品线延伸，而是通过推出完全独立的出版物。像箭牌公司一样，时代旗下有 7 家出版社：

■《时代》（*Time*）

■《财富》[（*Fortune*），并不是《时代商业版》（*Time for Business*）]

■《生活》[（*Life*），并不是《时代图片版》（*Time for Pictures*）]

■《体育画报》[（*Sports Illustrated*），并不是《时代体育版》（*Time for Sports*）]

- 《金钱》[（*Money*），并不是《时代金融版》（*Time for Finances*）]

- 《人物》[（*People*），并不是《时代名人版》（*Time for Celebrities*）]

- 《娱乐周刊》[（*Entertainment Weekly*），并不是《时代娱乐版》（*Time for Entertainment*）]

《ESPN 杂志》（*ESPN Magazine*）怎么样？会有除了迪士尼以外的任何人真的认为 ESPN 杂志在各方面均比《体育画报》强吗？我们不这样认为。一个品牌的力量在于它有一个独立的、唯一的身份，而不是来自其在心智中与一个完全不同的品类之间的联系。

在心智中拥有一个完全独立的身份并不意味着要创建一个完全独立的组织机构去管理每个品牌。箭牌公司并没有 7 个独立的制造工厂或者是 7 个独立的销售组织，它有 7 个品牌和一家公司、一支销售队伍、一个营销部门。

当通用磨坊公司决定进军意大利餐饮业时，它并不是零基础开始的，它利用它所学到的关于海鲜餐饮业的所有知识，跳跃式启动了它在意大利的兄弟品牌。它没有做的一件事就是撤下它"红龙虾"的名称，不该叫作意大利红龙虾餐厅。

通用磨坊公司创造了一个叫作橄榄园（Olive Garden）的独立品牌。在这一战略下，该公司在美国建立了两家最大的家庭餐

饮连锁店 [后来，由这两家连锁企业拆分重组成达登餐饮有限公司（Darden Restaurants, Inc.），并很快成为世界上最大的休闲餐饮公司]。

当莎莉（Sara Lee）设法将它的连袜裤品牌打进超市时，它没有使用它的汉斯（Hanes）作为品牌名，也没有把新品牌叫作Hanes II 或者 Hanes Too。

萨莉创建了一个专为超市设计的独立品牌，叫作莉氏鸡蛋（L'eggs）。产品的外包装形同一个鸡蛋，该产品成为超市第一品牌和连袜裤的第一品牌，占有整个连袜裤市场 25% 的份额。

当世界上最大的动力工具制造商百得公司准备进军专业动力工具市场时，它没有使用百得这个名称，也没有把新产品叫作专业百得（Black & Decker Pro）。

百得创建了一个叫作得伟（DeWalt）的独立品牌。在不到 3 年的时间里，得伟拥有了 3.5 亿美元的营业额，成为专用工具市场的领先者和百得之后的第二大动力工具品牌。

过去，一些公司在兄弟定律原则的基础上创建了品牌家族。随着时间的推移，它们忘记了起初为什么要创建这些品牌。与保持独立的身份相反，这些品牌反而被糅合在一起，上面笼罩着公司朦胧的雾层。它们没能变得更加强大，反而变得更为虚弱。

通用汽车公司曾推出过 5 个品牌的方阵，每个品牌都有自己的身份：雪佛兰、庞蒂亚克、老爷车、别克和凯迪拉克。任何一个 12 岁的小孩在一个街区之外都可以认出一辆雪佛兰并且马上确认其品牌，或者是一辆庞蒂亚克，或者是一辆老爷车，或者是一辆别克，或者是一辆凯迪拉克。

在前栅上有洞的是什么？那是别克。在后栅上有尾翼的是什么？那是凯迪拉克。

没有更妙的了。即使你为通用汽车公司工作，我们也怀疑你不能在街上辨认出通用汽车的小轿车并能马上正确地辨认出品牌。

许多执行总裁认为，当机构本身分散开时，兄弟品牌战略的运作才会最有效，"让这些品牌相互竞争吧"。

并非如此。正是那种信念使得通用汽车公司陷入困境。对这些品牌（或者分部）的控制将消失，每一个分部都可以设定自己的发展路线。结果是可以预见的。每个分部都会扩大自己的品牌范围，将出现昂贵的雪佛兰、便宜的凯迪拉克以及令人困惑的品牌混淆。

兄弟品牌战略需要更多的管理高层的监管，而不是更少。迫切而长期的需要是保持品牌之间的独立，而不是趋向雷同。人们却朝着相反的方向在努力，结果导致通用汽车公司所有的轿车都使用了尾翼。

每一个品牌都贴上公司的身份是没有必要的。顾客会因为雷克萨斯产自丰田公司而买它吗？还是根本忽略了它是由丰田制造的这个事实？

顾客买雷克萨斯，那是因为雷克萨斯品牌的吸引力，这与丰田公司无关。

尤其值得提出的是，当为公司稳定的品牌选择兄弟品牌战略时，公司的管理层应谨记以下原则。

（1）关注普通产品领域。客车、口香糖、零售药品，这是一些普通产品领域，可以围绕它们建立兄弟品牌的组合投资。

（2）选择一个单一的特性来细分市场。价格是最普通的特征，其他特性包括分布、年龄、热量、性别、味道等。只要通过细分一个单一特性，就能减少你的品牌之间的潜在混淆。品牌之间的任何重叠都要避免，保持每一个品牌的独一无二和特殊性。

（3）要在品牌之间建立严格的区分。因为你可以为每个品牌制定具体的价格，因此价格是最容易区分的特性。当价格重叠时，保持品牌的独立性就会非常困难。很多车主搞不清老爷车和别克的区别，因为两者的价格范围十分相似。

（4）创建不同的而非相似的品牌名。你不要试图建立一个家族式的品牌，你要建立一个由不同品牌构成的家族。看看雪佛兰当前的一些车型名称：骑士（Cavalier）、卡马洛（Camaro）、科西嘉（Coraica）、荣御（Caprice）、考维特（Corvette）（最近科西嘉和荣御停产了，但是这些以 C 开头的品牌名还是让人混淆）。

这些车型的名称不能作为品牌名称的一个原因是事实上它们太相似了。如果雪佛兰想要建立品牌名称来取代车型名称，它应该使用易于区分的名称。头韵是一个兄弟品牌家族的祸因。

（5）只有当你可以创建一个新品类时，才可以推出一个新的兄弟品牌。创建新品牌不应只是在填补系列产品中的一个窟窿或者用它来直接与既有的对手竞争。这个原则是最常被违反的，甚至最大的公司也会犯这个错误。可口可乐推出了 Mr.Pibb，不是去创建一个新品类，而是用来阻碍胡椒博士（Dr Pepper）的发展；可口可乐推出了水果国度（Fruitopia），也不是创建一个新品类，而是用来阻挡斯纳普（Snapple）的发展。现在这两个品牌都已销声匿迹了。

（6）对兄弟品牌家族保持最高水平的控制。如果你没有这样做，你将发现你的强有力的、富有特色的品牌会慢慢地土崩瓦解，它们将成为兄弟之间同室操戈的牺牲者。兄弟品牌之间的同室竞争是公司行为的一种方式，基于复制兄弟竞争品牌最好的特色。结果将会如同通用汽车一样，拥有一个品牌家族，各个看起来都很相像。

兄弟品牌家族并不是一种适用每家公司的战略，但是在它适用的地方，它可以用来长期主导一个品类。

第 16 章

外形定律
The Law of Shape

品牌的标识应该设计得符合眼睛的视觉感受，符合两只眼睛的视觉感受

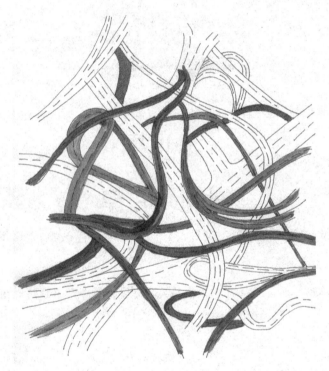

　　人们费尽心思为品牌设计复杂的符号，结果往往使消费

者更加迷惑。

品牌标识就是品牌的视觉符号（商标）和用特殊字体设置的品牌名的组合。

标识图形可以设计成各种外形：圆的、方的、椭圆的、水平的、垂直的。但是所有的外形在顾客的眼中并不会产生同样的视觉效果。

由于顾客的眼睛是横向并排的，因此标识图形的理想形状是水平的，长和宽的比例约为 2.25 : 1。

这种水平的外形将给你的标识图形赋予最大的视觉冲击。不管标识图形用在什么地方（在建筑物、说明书、信笺的抬头、广告或者名片上），这一点都是毫无疑问的。

如果一个标识图形是放在零售公司的建筑物上，这种对水平形状的偏爱更是特别重要。在霓虹灯林立的地方，一个垂直的标志图形就会处于十分不利的地位。阿比（Arby's）的牛仔帽标识就是采用垂直图形而效果不佳的一个例子。

与外形同样重要的是易读性。标识图形的设计者常常费尽心思地去挑选字体来表达品牌的特性，而忽略了它能否清晰地被识别。

字体可以有成千上万种形态及大小，但是顾客对这些差异并不太敏感。大卫·奥格威（David Ogilvy）认为，女士们不会说除非他们把广告标语设计成 Future Demibold 字体，我才会买那种清洁剂。

劳力士在它的标识图形中使用了什么字体？拉尔夫·劳伦（Ralph Lauren）呢？劳斯莱斯（Rolls-Royce）呢？衬线字体还是

无衬线字体？

事实上，词汇（Rolex、Ralph Lauren、Rolls-Royce）本身才是表达品牌的力量，在标识图形中使用的字体可以帮助或阻碍这个表达的过程，但影响并不大。

另一方面，如果设计的字体是不易阅读的，那么标识图形在顾客的心智中就几乎没有意义。不是因为使用的字体，而是因为潜在顾客无法读出文字。选择在标识中使用的字体时，易读性是最重要的考虑因素。

当然，不同字体表达的感觉会有感性上的差别。无衬线字体看上去比较时髦，衬线字体看上去比较老式；粗体看上去比较刚劲有力，浅淡的字体看上去比较纤弱。

但是只有在放大的情况下，这些差别才会变得明显。为了使你的品牌看上去是一个古老的、早已建立的品牌，难道你真的准备将品牌名设计成粗黑哥特式字体（就是《纽约时报》的标识所用的字体）吗？我们不这样认为。尽管这可能会带来一种视觉上的印象，但是没有多少潜在顾客能够读出（并因此记住）这个名称。

这是一个恶性循环。为了让一般的潜在顾客注意到对标识图形的"语气"，你不得不去使用比较夸张的印刷格式。当你那样做的时候，你就失去了标识的易读性。

标识图形的其他组成要素：商标，或者说视觉符号，也受到过高的估价。意义存在于字母或词中，而不是在视觉符号中。

是耐克这个名称赋予了勾子图形以意义，而勾子图形符号并不会赋予耐克这个品牌多少意义。符号长期与一个名称联系在一起后，就会产生类似一种"画谜"$^\ominus$的效果，该符号就可以代表这个名称，但保持着品牌力量的仍然是品牌名。

因此，勾子图形代表了耐克。但是单独使用符号的好处是很小的，并且仅发生在某些特定的情况下。或许在远距离时，只有一个品牌名你就无法辨识，但是有个符号就能看清。或许你可以在产品本身上使用符号，或者是服装类商品上使用符号，在这里使用名称的话就显得太"商业化"了。或许十几年来每年花费超过1亿美元来将勾子图形与耐克联系在一起，之后，你可以在广告的结尾只出现这个勾子。但是这样做的优势是什么？

来比较一下壳牌（Shell）与美孚（Mobil）。壳牌在它的加油站用了一个贝壳形状的商标，没有用"Shell"这个词；美孚用了蓝色字母和红色"O"拼写出的"Mobil"。

壳牌的方法比美孚高明吗？我们认为不是。只能说，幸好壳牌的方法发挥了作用，得益于一个简单的名称和一个易于联想的简单的视觉符号。但是壳牌所用的方法有什么优势呢？

几乎没有优势，反而有一些缺点。随着人们的成长，新的潜在顾客进入市场，他们将如何得知那个黄色符号意味着"壳牌"？如果潜在顾客并不知道壳牌是一个汽油的品牌名，情况就尤为如此。

人们做了很多努力为标识图形精心设计复杂的符号。羽冠、

$\ominus$ 以图画来表示部分音节或字面意思。——译者注

盾牌、盾形纹章及其他纹章符号都大量出现在美国设计公司的作品上。这些努力绝大多数都白白浪费了。品牌名称的力量在于心智中对品牌名称意义的理解。对绝大多数品牌来讲，一个符号对于在心智中建立意义是起不了什么作用的。

只有少数的几个简单符号可以做成有效的商标（梅赛德斯的三叉星标识就是其中之一）。然而到了现在，如果历史未曾留给你这样一个简单的符号，那么再去创建一个属于你自己的，可能为时已晚。

THE 22
IMMUTABLE
LAWS OF
BRANDING

第 17 章

颜色定律
The Law of Color

品牌应该使用一种与它的主要竞争品牌相反的颜色

　　把品牌区别开的另一种方法是运用颜色，保持颜色的一

致性有助于一个品牌在人们的心智中留下深刻的印象。

要让品牌独具一格，还有一种方法是运用颜色，但是颜色不是一种易于处理的特性。要创造一个独一无二的名字可以有成千上万个词可以选择，但可以选择的颜色仅有少数几种。

基本的颜色有 5 种（红、橙、黄、绿、蓝），加上中性色 3 种（黑、白、灰）。最好是使用 5 种基本颜色中的一种，而不是一种介于两者中间的或者是混合的颜色。但应该使用哪种颜色呢？

记住，在观看者的眼中不是所有的颜色都具有相同的视觉效果。在光谱红色端的颜色会轻微地聚焦在你的眼睛视网膜的前端。因此，当你看着红颜色时，会感觉它在逼近你的眼睛。

另一方面，在光谱蓝色端的颜色会轻微聚焦在眼睛视网膜的后端，所以蓝色看起来感觉在远离你。

由于这些物理上的特性，红色是充满活力、令人兴奋的颜色，红色是冲在前面的具有侵略性的颜色。这就是为什么所有的国旗中有 45% 以红颜色为主（蓝色是完全不同的颜色，只有不到 20% 的国旗以蓝色为主）。

蓝色是红色的反面。蓝色是和平和宁静，是一种藏在后面的放松的颜色。

在品牌世界里，红色是销售方的颜色，用来吸引注意力；蓝色是企业方的颜色，用来表示稳固永久。举个例子，可口可乐用红色，IBM 用蓝色。

其他的基本色在两者之间。橙色更接近于红色而不是蓝色，绿色更接近于蓝色而不是红色。

黄色是中性的颜色。但是，由于它处于可见光波长范围的中段，因此它也是最亮的颜色（它的亮度就是其常被用作"警告"色的原因，常用在黄灯、黄线、黄色标志等）。

多年来，一些颜色已经成为不同的特征、场合和活动的象征性色彩。

- 白色象征纯洁（比如用于白色的婚纱）。
- 黑色象征豪华（比如用于尊尼获加的黑方）。
- 蓝色象征领先（比如用于授予马展中胜出者的蓝色缎带）。
- 紫色象征王权 [比如用于"出身贵族"（born to the purple）的表达方式]。
- 绿色象征自然环境和健康 [比如用于绿色和平组织、健康之选（Healthy Choice）和斯纳克威尔曲奇的品牌标识中（SnackWell's，第一种不含脂肪的曲奇）]。

当要为一个品牌或一个标识选择一种颜色时，管理者常常会关注他们要建立的情感诉求，而不是要创造一个独特的特性。尽管情感诉求和风格很重要，但其他的因素可以推翻仅仅基于情感诉求的选择。

领先者可以最先做选择。通常最佳的颜色是最能象征这个品类的颜色。约翰迪尔（John Deere）是农用拖拉机的领先品牌，它选择了草、树、农作物的颜色——绿色作为品牌的表现色，你会对此感到奇怪吗？

有一家巴西的拖拉机公司请我们为它设计品牌名称和颜色。我们选择了马可迅（Maxion）作为品牌名，因为它看起来暗示着"力量"，这是农用拖拉机的关键特性。但是，这个新的拖拉机品牌应该用什么颜色呢？

约翰迪尔用的是绿色，市场上的第二品牌用的是红色，因此选择何种颜色就显而易见了。马可迅就成了一台蓝色的拖拉机、一个蓝色的品牌。

蓝色是用于农用拖拉机的最佳颜色吗？不是，但是，创造一个与其他品牌相区别的品牌特征比使用正确的符号性色彩更重要。

赫兹是汽车租赁的第一品牌，它选用了黄色。因此，第二品牌安飞士选用了红色。国家租车公司用了绿色（几年来，国家租车公司给出租车顾客发放 S&H 绿色印花，这一营销手段有助于将国家租车这一名称和绿色联系起来）。

选择与你的主要竞争对手相反的颜色具有很强的逻辑性。如果你不重视这个颜色定律，你就得自担风险。

可乐是一种红褐色液体，因此红色作为可乐品牌的颜色是合乎逻辑的选择。这就是可乐为什么 100 多年来一直使用红色的一个原因。

百事可乐做出了无奈的选择，它选了红与蓝作为品牌颜色：红色象征可乐，蓝色用以与可口可乐相区别。这些年来，百事可乐一直因其针对可口可乐颜色战略的不理想回应而苦苦挣扎。

老实讲，在你心智的"眼睛"里，世界看起来不是被可口可乐的标识填满了吗？要想象出许多百事可乐的标识难道不困难吗？百事可乐的标识确实也在那里，但是其颜色缺乏一个独特的区隔，无法将之从可口可乐红色的海洋里凸显出来。

最近，百事可乐看到了光明，或者说是看到了颜色的问题，它现在做的是原本 50 多年前就该做的事情——为它的品牌标识选择一个与主要竞争对手完全相反的颜色。

百事可乐的标识色变成了蓝色，百事甚至花钱将一架协和超音速客机漆成蓝色，以将其蓝色的信息带给世界各地的瓶装商。

与竞争对手用相反的颜色，柯达用了黄色，因此富士就用绿色。

黄色（比如金黄色的拱门）也是最能辨认麦当劳的颜色，尽管实际上其标识图形大部分是红色的。但是，汉堡王（Burger King）是什么颜色呢？

汉堡王在为汉堡包选用标志性的颜色上犯了错误，它没有选择一种与领先品牌相对的颜色。它将汉堡包的黄色与夹肉的橙红色结合在一起。标识图形很优雅，但是颜色的选用很糟糕。

百威用了红色，那么米勒该用什么颜色呢？

米勒所做的产品线延伸中存在许多问题，破坏了品牌颜色的一致性就是其中一个。为了在其扩展的品牌间能够相互区别，其品牌用了一批颜色组合。在这个过程中，米勒失去了将它的品牌与其主要竞争对手百威区隔开的机会。

想想不会弄错颜色的蒂芙尼（Tiffany）的盒子。通过标准化地使用单一的颜色，并且长期维持其一致性，你就可以在这个零乱的世界里建立一个强有力的视觉表现。在圣诞节期间，每个品牌及商店都用绿色和红色来庆祝节日，从M&M's到梅西百货都是如此。但是蒂芙尼公司坚持用蓝色，结果在圣诞树下显得更加引人注目。

女士们一看到蓝色的盒子就会拥抱她们的丈夫，不用打开，她们就知道是个非常棒的礼物。

你大概看到米勒啤酒罐的机会比蒂芙尼盒子要多得多。但是，我们可以确定，你知道蒂芙尼盒子的色彩，但对米勒的颜色就没有十足的把握了。

尽管对一个品牌来讲，选用单一的颜色几乎总是最好的策略，但是，有时你可以采用多种颜色。联邦快递公司是第一个提供隔夜送达服务的包裹快递公司，公司试图让它投递的包裹抢眼地放在收件人的桌子上，因此，它将最具冲突效果的橙色和紫色组合在一起。

当一件联邦快递的包裹送达时，每个人都能看到它，它就好像在公司蓝色海洋里的一套橙紫色衣服。

长期保持用色的一致性有助于一个品牌在人们的心智中留下较深的印象。看看黄色为卡特彼勒（Caterpillar，世界上最大的土方工程机械和建筑机械生产商）、褐色为UPS、红色为可口可乐和蓝色为IBM带来了什么。

蓝色为蓝色巨人（Big Blue，IBM公司的别称）带来的一切，一种独特的颜色也可以为你的品牌做到。

THE 22
IMMUTABLE
LAWS OF
BRANDING

第 18 章

国界定律
The Law of Borders

品牌全球化是无屏障存在的，必须清楚，品牌没有国界

　　每个国家都有属于自己独特的认知，如果一个品牌带有

自己国家的独特心智资源，它就有可能成为全球品牌。

在我们的咨询工作中，我们发现大多数的客户坚信以下两点：

（1）在他们自己本国，他们品牌的市场份额不能得到充分的增长。

（2）他们需要增长。

他们坚信的结果便是执意将品牌扩张到其他的品类中去。他们说："这是推动增长的唯一方法。"

于是他们成为打造品牌的第一条定律（扩张定律）的牺牲品。"的确，"他们说，"扩张品牌线可能会有危险，但这是推动增长的唯一方法。"

扩张并不是推动增长的唯一方法。事实上，为达到两个目的最完美的解决方法是创建一个全球品牌。这就意味着：

■ 在自己本国保持品牌聚焦。
■ 走向全球化。

这些年来，"进口"成为用于许多产品的一个神奇词汇。食品、啤酒、葡萄酒、饮料、服装、汽车、电器及其他许多种商品都得益于一个进口标签，好像跨越了国界就能迅速提高品牌的价值。

事实上，跨越国界确实会增加一个品牌的价值。因为价值存在于消费者的心智中，对品牌来源的认知可以增加或减少品牌的价值。会有人怀疑下列产品的价值吗？

- 来自瑞士的手表。

- 来自法国的葡萄酒。

- 来自德国的汽车。

- 来自日本的电子产品。

- 来自意大利的服装。

来自阿尔巴尼亚的手表、波兰的葡萄酒、土耳其的汽车、俄罗斯的电子产品、葡萄牙的服装具有同样的认知吗？显然不能。

每个国家都有属于自己独特的认知。如果一个品牌带有自己国家独特心智资源的认知，它就有可能成为全球品牌。

如今，不管你居住在世界的什么地方，你都能看到许多人戴瑞士手表、开德国汽车、喝法国葡萄酒、使用日本电子产品、穿意大利服装（当然，可能不会同时出现）。

不管税收、关税、进口配额、商检、规则、官方文件及一些琐碎的麻烦，世界正在变成一个巨大的全球市场。你的产品最好搭上全球化的品牌列车；否则，你就得冒着彻底失败的风险。

在仅有1 500万人口的小国家——荷兰，喜力公司（Heineken NV）是最主要的酿酒厂之一。然而，通过走全球化的道路，喜力公司已经成为全球第二大的酿酒厂了。

任何酿酒厂都能做到这样吗？当然不是。成为一个成功的世界性啤酒品牌（或者任何全球化的品牌），需要做到以下两点：

（1）你必须是第一个。

（2）你的产品要符合对自己国家心智资源的认知。

喜力是第一个实施全球化战略的啤酒品牌。但是，在国家的心智资源中，啤酒与德国相关联的产品，而非荷兰。

喜力是幸运的。荷兰在地理与种族上都与德国接近。结果，许多喝啤酒的人以为喜力是德国产品（该公司因为向酒吧和饭店分发一种纸板货船而闻名，纸板货船上都印有"德国印刷"）。

在第二个方面，喜力也是幸运的。它在全球市场上的主要竞争对手是来自德国的贝克啤酒（Beck），但后者的名称听起来更像英文的发音。

喜力在第三个方面同样是幸运的。在德国，销量最大的德国啤酒是沃尔斯坦（Warsteiner）。通常，在一个国家里每个品类的领先品牌也可以在世界其他各地取得很大的成功 [以 "意大利面的第一品牌" 为主题的百味来（Barilla）在美国市场的成功就是一个证明]。但是一个以 "战争" 起头的德国啤酒名⊖为在全球市场上就不会有很多成功的机会。

推进全球化有许多方式。与吸引核心市场相反，你可以吸引不同的市场细分群体。科罗娜特级啤酒（Corona Extra）通过对墨西哥风味的宣传成为一个全球品牌。麒麟（Asahi）啤酒大力宣传其日本风味，而青岛啤酒则大力宣传其中国风味。

科罗娜特级啤酒是一个很好的例子，它灵活地运用了国家心智资源来提升一个品牌。因为在喝墨西哥龙舌兰酒时会配以柑橘

⊖ Warsteiner 这个名字的词首是表示 "战争" 的英文单词 War。——译者注

类水果，科罗娜特级啤酒的进口商在推出这个品牌时也运用了这一意象。

在酒吧或饭店，你远远就能看见科罗娜啤酒杯中的牙签和柠檬，这已经变成了科罗娜啤酒的一个视觉标志。"那是什么？"没有喝过科罗娜的顾客问道。

"那是科罗娜特级，墨西哥啤酒。"这个战略非常成功，科罗娜成为美国最畅销的进口啤酒，甚至超越了喜力。反过来，它在美国的成功促进了在本国南部的销售，在那里，科罗娜特级啤酒已经成为墨西哥啤酒中的领先品牌。

国家心智资源很重要，并不存在具有一种全球化认知的全球性品牌。

- 丰田、本田和日产是带有日本国家认知的全球性品牌。
- 康柏、英特尔和微软是带有美国国家认知的全球性品牌。
- Dom Périgono、巴黎之花（Perrier-Jouët）和 Château Mouton–Rothschild 是带有法国国家认知的全球性品牌。
- 古驰（Gucci）、范思哲（Versace）和乔治阿玛尼（Giorgio Armani）是带有意大利国家认知的全球性品牌。

由于大约 62% 的销售和 76% 的利润来自美国境外，可口可乐强调它是一个全球性的品牌，而非一个美国品牌。严格地说，它确实是一个全球性的品牌 [可口可乐公司前任首席执行官郭思达来自古巴，现任 CEO 道格拉斯·达夫特（Douglas Daft）来自澳大利亚]。

但是可口可乐放弃它的美国传统将是一个重大的营销错误。每一个品牌（无论其产品在哪里灌装、装配、加工、生产）都一定是出自某处的。随着美国文化（特别是音乐、电影和电视）在全世界的渗透影响，可口可乐因其与美国的关联而获益匪浅。世界各地喝可口可乐的人会骄傲地大声说："这是美国的正宗货。"

每一种品牌，就像每一个人一样，必来自某个地方。一个第五代的爱尔兰裔美国人可能会说自己是"爱尔兰人"。在墨西哥灌装的可口可乐对墨西哥来讲仍然是一个外国品牌。纯粹的美国品牌李维斯同样如此。

无论你的品牌在什么地方构思、设计或产生，它的名称和内涵决定了它的地理认知。哈根达斯可能是在新泽西州发展起来的，但是它的来源听起来像是在斯堪的纳维亚⊖。

许多年前，我们碰到 SMH 集团的主席，SMH 集团是生产斯沃琪手表的一家公司。他问："对于一辆在瑞士生产的汽车你们有什么想法？"

"很好，"我们回答，"我们有一个非常好的广告标题：像手表一样运行。"

"我很高兴你们喜欢这个想法，"他说，"我们将把这个新产品命名为斯沃琪汽车。"

⊖ 瑞典、挪威、丹麦、冰岛的泛称。——译者注

"等一下，"我们说，"斯沃琪是一种便宜的手表，你戴过几次后可能会扔到梳妆台的抽屉里，而汽车是大件产品，是一项重大的投资。人们通过自己驾驶的汽车来表明自己的身份。如果你想要给你的新产品汽车起一个手表的名称，那就叫它劳力士。"

但是，他没有听从我们的劝告。在发展汽车的时候，公司使用了斯沃琪这个名称（起初与大众公司合作，后来又与梅赛德斯－奔驰公司合作）。近来，聪明的领导人将名称改为 Smart。

聪明的想法！Smart 汽车以节能、低污染、适用于拥挤城市的形象出现在欧洲市场上。

选择 Smart 作为一个全球化产品名称的事例说明了在品牌全球化中的一种趋势：为你的品牌取一个英文名称，并不一定要与英国、美国、加拿大、澳大利亚或者其他讲英语的国家有什么关联。

来看一种在奥地利发明的能量饮料，这个含氨基酸、咖啡因的清火解毒的汽水叫作 Roter Stier。制造商用英文名称"红牛"（Red Bull）取代了 Roter Stier。

红牛已经成为欧洲市场上的流行饮料，并成为美国市场上的一个大品牌。

三个顶级的蓝色牛仔裤品牌（100 美元及以上）都有英文名称，但它们都不是美国货。Replay、Diesel 是意大利生产的，而 Big Star 则来自法国。

英语已经成为世界第二大语言。如果你准备在全球市场上创立一个品牌，最好用英文取名字，并非必须用英语单词作名字，但最好听起来像是一个英文词。

另一方面，在将英文广告译为其他语言时必须要注意，否则，后果可能会非常严重。比如，"随百事可乐一代活跃起来"（Come alive with the Pepsi generation）译成中文为"百事可乐让你的祖宗从坟墓中复活过来"。

普渡（Perdue）⊖，的口号是"壮汉养嫩鸡"（It takes a strong man to make a tender chicken），译成西班牙语为"它使一个睡醒了的男人变成了一只可爱的小鸡"。酷尔斯啤酒广告的收尾语是"吃了它吧"（Take it loose），译成西班牙语就成了"遭受腹泻"。

当我们为一个品牌挖掘有助于全球化的信息时，为了适应不同于英语的其他语言，必须不时地做出一些变化。

⊖ 美国的一个鸡肉品牌。——译者注

THE 22
IMMUTABLE
LAWS OF
BRANDING

第 19 章

连贯定律
The Law of Consistency

品牌不是在一夜之间创建的，成功要以几十年的时间来衡量，而非短短几年

　　如果市场正转向另一端，你可以紧随时尚，抛弃原来的品牌，或者待在原地，静观其变。根据我们的经验，最好的办法就是待在原地。

最常违背的定律就是连贯定律。

一个品牌除非有所代表，否则无法进入人们的心智。但是一旦它在人们的心智中占据了一定的位置，制造商却又常常会找一些理由来改变它。

"市场正在改变，"制造商们叫嚷着，"品牌也做做改变吧。"

市场可能在变化，但是品牌不应该改变。永远不能。品牌可以轻微调整一下或者有一个新的侧重，但其基本特性（一旦这些特性已经深深地植入人们的心智）绝不能改变。

如果市场朝另一个方向转动，你可以有一个选择。紧跟时尚毁掉原先的品牌，或者待在原地，等待旋转木马重新转回到你的方向上。根据我们的经验，等在原地是最好的办法。

添加利（Tanqueray）是高端杜松子酒的领先品牌。但是，绝对伏特加和红牌伏特加掀起了高端伏特加的潮流。因此，添加利推出了添加利伏特加。

添加利伏特加将会打入红牌伏特加的市场吗？当然不能。

添加利伏特加将破坏添加利杜松子酒的市场吗？最终一定会。

添加利应该坚守杜松子酒的阵地，期待着市场重新倾斜到它这边来。

品牌可以用来作为个性化的表述（一些营销人员把这些表述称为"卖点"）。你对一个卖点的选择常常取决于你想对朋友、邻居、同事或亲戚所做的表述。有时，它是由你想对自己所做的表述来决定的，"我开的是宝马"。

随着人们的年纪越来越大，他们常常想改变代表个性的表现方式。当小孩长大时，他们会通过改变选择的品牌来表现日趋成熟，比如从可口可乐到百威。如果可口可乐决心通过"跟着市场跑"来留住这些顾客，它势必要推出一种叫作可口可乐啤酒（Coca-Cola beer）的产品。

也许在你看来，可口可乐啤酒是个愚蠢的想法，其实，添加利伏特加、酷尔斯饮用水或水晶百事在概念上也没什么不同。市场可能改变了，但是，品牌应该保持不变。

在酒类商品中，大家都知道波旁酒和威士忌酒是褐棕色的，杜松子酒和伏特加是白色的。或许会有从褐棕色到白色的趋势（确实有）。但布朗佛曼（Brown-Forman）应该推出杰克丹尼（Jack Daniel）伏特加吗？我们不这么认为。

当然，它确实推出了杰克丹尼啤酒和杰克丹尼清凉饮料。结果杰克丹尼啤酒毫无成绩并最终退出市场，清凉饮料还在继续坚持。但是，女子气的清凉饮料品牌又怎么和杰克丹尼的核心形象相匹配呢？

或许墨西哥食品会成为潮流（确实如此），然而一个法国饭店有必要将法吉塔士（Fajitas，墨西哥的一种传统菜）写进它的菜单吗？我们不这样认为。

创建品牌是很枯燥的事情。最有效的方法就是保持品牌绝对的长期稳定性：沃尔沃将"安全"作为卖点已经销售了35年，宝马将"终极驾驶机器"作为卖点已经销售了25年。

人们会厌烦做枯燥的事情。所以，在沃尔沃公司偶尔会有人想到一个闪光的念头，"为什么我们要限制我们自己生产无趣、令人厌烦、安全的私家桥车呢？我们为什么不把品牌扩展到令人兴奋的跑车领域呢？"

因此，沃尔沃最近启动了一条跑车生产线和敞篷车生产线。一辆敞篷汽车对沃尔沃品牌有什么影响呢？除了削弱原先的"安全"概念之外，什么也没有。

其间，宝马推出了终极驾驶机器的旅行车版。"嗨，为什么只盯着那些无忧无虑的雅皮士阶层？我们要为那些长大结婚生子的城市职业年轻人生产汽车。"（你曾开着旅行车通过路障测试中的一个个锥形体吗？）

小型旅行车能为宝马品牌做些什么呢？除了侵蚀消费者心智中"驾驶机器"的形象之外，什么也没有。

品牌的连贯性创立了小凯撒（Little Caesars）品牌，而缺乏连贯性则使小凯撒品牌处于被破坏之中。

"比萨！比萨！"成为连锁店的战斗口号。你能在其他地方用一个比萨饼的价格买到两个比萨饼吗？这种打造品牌的策略使得小凯撒成为美国第二大的比萨连锁店。

"我们为什么要局限于外带比萨呢？"已经厌烦的经理人问道。于是小凯撒提出了"外送，外送"（Delivery，Delivery），这导致小凯撒的销售额迅速下降到了第三位，排在必胜客和达美乐之后。

情况糟透了。为了扭转这个情况，小凯撒把比萨饼变大了。小比萨成了中等尺寸的比萨，中等尺寸的比萨成了大比萨，而大比萨成了超级至尊比萨。

来看看混淆的情况，"我要订一个中号比萨"。

"你想要一个必胜客的中号，而实际上是我们的小号比萨吗？还是，你想要一个中号的小凯撒，而实际上是一个必胜客的大号比萨呢？"

"嗯……我还能用一个比萨的价钱买到两个比萨吗？"

"比萨、比萨？不，我们不再那么做了。"

真遗憾。在比萨品类里，小凯撒有着一个最好的品牌。唯一一个聚焦于外带比萨的品牌，唯一一个有着特性和信息（比萨！比萨！）的品牌。现在，它什么也没有了。又一个连贯定律的牺牲品。

实际上，许多小凯撒分店正回到公司起初就不该放弃的买一赠一策略上。

麦当劳数十年来都以儿童为主导经营家庭式汉堡餐厅。"我们为什么要局限于儿童主导的产品呢？为什么不推出成人汉堡包，同汉堡王和 Wendy's 竞争呢？"

因此招牌汉堡（Arch Deluxe）诞生了。投入价值 1 500 万美元的广告后，招牌汉堡却遭到了灾难性的打击，麦当劳只好悄悄地决定把它从菜单上撤下。

注意一点，被宣布失败的总是产品，而非打造品牌的概念。

麦当劳是一个以儿童为导向的家庭餐馆。在这样的地方，成人汉堡包也许吃在嘴里味道不错，但是，在人们的心智中的味道就不那么好了。

任何时候当你听到"为什么我们要限制自己"这样的话时，就要意识到这是一个危险的信号。

你应该限制你的品牌，这是打造品牌的根本。你的品牌在人们的心智中必须有所代表，简单而精确，这个限制是打造品牌过程中非常重要的部分。

和连贯性结合在一起的限制性（保持数十年，而非几年的时间）是建设一个品牌的关键所在。

罗马不是一天建成的，罗马诺（Romano）干酪品牌也不是。

THE 22
IMMUTABLE
LAWS OF
BRANDING

第 20 章

变化定律
The Law of Change

品牌可以被改变，但只能是偶尔的，并且要极其谨慎

品牌的改变并非发生于公司内部，而是发生在顾客的心智中。如果你想要改变品牌，请盯紧你的目标——顾客的心智。

前文已经谈了很多关于连贯性和聚焦的概念，为什么还要提出变化的概念呢？

因为在生活中、打造品牌中，没有什么是绝对的，每一条规则都会有例外，而变化定律就是打造品牌法则中最大的例外。

变化发生在哪里呢？公司常常把注意力集中在为改变品牌它们在内部需要做什么，如流程、指南、小册子、记者招待会、广告、营销等。

但是，品牌的改变并不是发生在公司的内部，而是发生在顾客的心智中。如果你想要改变你的品牌，把你的目光盯住你的目标——顾客的心智。

在三种情况下，改变你的品牌是可行的。

1. 你的品牌很虚弱或者并不存在于消费者的心智中

这是三种情况中最容易实现的。实际上，这时候品牌并未建立起来，因此对品牌名称你可以想怎么做就怎么做。如果你愿意，还可以把你的品牌名称用于一个完全不同品类的不同产品上，谁会知道呢？

1985 年，英特尔做出了一个引人注目的决定，为了聚焦于微处理器，英特尔决定砍掉自己发明的 D-RAM（动态随机存取存储器）业务。在这一过程中，英特尔使自己的名字成为全球最著名的微处理器品牌。"英特尔内置"（Intel Inside）成为品牌打造中格外有力的主题（在许多情况下，消费者更关心处理器的品牌而非个人电脑的品牌）。

英特尔将它的品牌从 D-RAM 变成了微处理（microprocessors），但是除了少数计算机经销商和采购代理商，谁知道英特尔曾用过 D-RAM？

2. 你想要沿着食物链向下调整你的品牌

如果你持续降低你的品牌的价格，你就能沿着价格阶梯下行而不会伤害你的品牌。消费者会认为购买你的品牌非常合算。这不一定是一个不好的调整，万宝路通过降低香烟的价格而获得了市场份额。

创建劳斯莱斯品牌获得了不少的声誉，但利润并不多。有时价格偏离了产品线就需要做出持续不断的调整。

另一方面，沿着食物链上行即使不无可能，也是异常困难的。皇冠假日酒店的销售情况总是没什么起色，直到连锁店去掉了名称中的"假日酒店"为止。

3. 你的品牌在一个缓慢发展的领域中，需要经过一段很长的时间才会发生变化

25 年前，花旗集团（和它的花旗银行）有 80% 的公司消费者和 20% 的个人消费者。今天，这两个数字已经倒了过来，它有 30% 的公司消费者和 70% 的个人消费者。

花旗集团成功地将其花旗银行品牌的认知从面向公司业务调整为面向个人客户业务。但是，要意识到的关键概念是人们心智中对于银行业前景的认知已经发生了细微的变化。花旗集团并非改变了人们的心智，而是通过足够的过渡时间以致使"忘记"这一过程自然而然地发生了。

在银行领域奏效的并不会在计算机或消费电子产品那样快速变化的领域中奏效。在那些领域中，没有足够的时间使得"忘记"的过程自然而发。

顾客永远是对的，那是人类的天性之一，但从打造品牌的观点来看却是令人沮丧的一点。当你试图告诉顾客你的品牌和以前的不一样时，他们会拒绝接受你的说法。

■ 施乐计算机？不，施乐是复印机。

■ 佳得乐能量棒？不，佳得乐是运动饮料。

■ 爱普生计算机？不，爱普生是打印机。

在米勒淡啤一则著名的电视广告中，喝啤酒的人见到一个前足球运动员并说："你是……你是……你是……"

"尼克·布尼肯特。"这个著名的前足球运动员帮他说道。

"不，不是他。"

很有趣，但却是事实。你认为你的品牌是什么并不要紧，只有顾客认为你的品牌是什么才是要紧的。

肯德基（Kentucky Fried Chicken）长期以来一直试图去掉名称中"油炸"（fried）二字。起初，它把连锁店的名称改成KFC，但是，作用并不大。因为顾客心里会问："这些缩写的大写字母表示什么？"接着，它又推出了烤鸡，以示比油炸鸡更健康。

猜猜发生了什么事？人们仍然去肯德基吃炸鸡。最近，肯德基认输了，回头重新发展油炸鸡。"我们将大力宣扬原始的炸鸡配方，"一个总经销商说，"那个使我们欢呼雀跃的东西。"

你可以确信的是那个使你的品牌欢腾起来的概念仍然深深地占据在潜在顾客的心智中。

如果你想要改变你的品牌，首先要研究潜在顾客的心智。你处在哪个位置？或许你根本就未能进入心智中。若是那样，就改变你的想法吧。

但是，如果你已经进入了人们的心智，并且有一个独特而清晰的认知，那么改变品牌就要冒险。这将是一个漫长、艰难、代价高昂甚至可能无法实现的过程。

别说我们没有警告过你。

THE 22
IMMUTABLE
LAWS OF
BRANDING

第 21 章

死亡定律
The Law of Mortality

没有一个品牌能永存，安乐死通常是最好的解决方法

　　不要试图把资源浪费在苟延残喘的品牌上，将其投入某

个蒸蒸日上的新品牌上。

尽管品牌定律是不变的，但品牌本身却并非如此。它们被创造出来，发展壮大，成为强大的品牌，直至最终死亡。

这当然是令人伤心的事情。公司愿意花上百万美元来挽救一个年迈的品牌，却不愿意花几美分来创建一个新品牌。一旦你理解了打造品牌的自然过程，你就会知道什么时候该让你那年迈的品牌自然地死去了。

随着新品类的出现，创建新品牌的机遇也在不断地出现。个人电脑的兴起为康柏、戴尔、盖特威、佰德（Packard Bell）及其他的品牌创造了机会。

个人电脑的兴起也给 Digital、Data General、王安（Wang）这类微型计算机品牌施加了压力。

这就像生命本身一样。新一代出生后朝着全新的生活方向而去，开始自己的事业并将开花结果。期间，老的一代将逐渐衰老而死。

不要与自然规律抗争。品牌就像人一样，有它们存在的时间，自然也有它们消失的时候。投资一个品牌有一个时间，而收获一个品牌也有一个时间。而且，最终也有一个时间让品牌长眠。

"有汰渍，没污渍。"像宝洁旗下的汰渍这样的洗衣粉品牌的出现，给林索（Rinso）等洗涤皂品牌增加了压力，后者最终逐渐消亡。

当公司与自然规律抗争时，它们就犯了严重的判断错误。然而为垂死的品牌开设的"疗养院"业务仍然蒸蒸日上，上百万美元的广告投入和不断增加的经费用以维持垂死品牌。

不要把钱浪费在老态龙钟甚至苟延残喘的品牌上了，将你的钱花费在下一代身上吧。把钱投资到一个有前途的新品牌身上。

许多经理因不能正确区别品牌价值的以下两个方面而做出了糟糕的财务决策：

- 这个品牌的知名度如何？
- 这个品牌代表了什么？

一个知名品牌如果不代表任何东西（或者代表了已经过时的事物），那就没有任何价值。一个品牌即使没有特别的知名度，但只要有所代表，它就是有价值的。

拥有一个有所代表的品牌，你就能有所收获。当你的品牌代表了什么的时候，至少你有机会去创建一个强势品牌。在公关的领域更是如此。

卡夫是什么？谁知道？当品牌仅仅是空有知名度，却并不代表什么的时候，它并不适合于公众宣传和其他打造品牌的方法。它不会有什么发展，只能衰落。

柯达是什么？一个传统照相机及传统摄影胶片品牌，但是，市场正慢慢向数码相机的方向转化。

看看8毫米摄影机和胶片发生了什么？至少对于业余爱好者而言，胶片摄像机已经过时了。它们几乎已经完全被使用视频影带的电子摄像机取代了。因此，柯达如何夺回失去的曾经由它主导的业余摄像业务呢？理所当然地，它将品牌名称"柯达"印制于视频影带的盒子上。

柯达主导视频影带业务了吗？当然没有。柯达这个名称代表的是摄影。对于传统摄影领域之外的，柯达无能为力。

但是，相对于在传统摄像机和数码相机之间的主要战役来说，视频影带不过是小规模的冲突而已。长期以来，柯达数十亿美元的摄影业务将处于危险之中。市场会趋向数字化吗？

历史没有站在柯达这边。计算尺已经被小型的计算器取代，模拟计算机已经被数字计算机取代，唱片已经被光盘取代，模拟手机已经被数码手机取代。

在音乐、电视和电话领域，已经出现了数字化的趋势。今天，一辆普通汽车上所具备的数字计算机装置也比多年前 IBM 大型机上的还要多。

是对抗还是逃跑？如同你所可能预期的一样，柯达决定两样都做。而且，依我们看来，柯达在这个问题的两边都犯着品牌打造中的主要错误。

看看摄影这一边，柯达已经成为先进照相系统的主要先驱。以新的 24 毫米胶卷和新的电子控制系统为基础，APS 可以提供三点格式的选择，另外还有许多其他优势。除了在 APS 上的前期巨额投资，该计划还要求照相馆为新的摄影洗印设备花费上亿美元。

（你知道柯达为发展 APS 系统花了许多钱，甚至给它取了一个新名称——柯达 Advantix 系统。）

问题很明显。如果市场已经趋向数字化了，为什么还要将那些钱花在传统摄影上呢？让这些老旧的系统自然消亡，用那些钱去创建一个新的数字化的品牌岂不更好吗?

同时,在问题的数字化这一边,柯达也犯了一个严重的错误(这可能是它所有错误中最大的一个)。柯达不但没有推出一个新的数字化的品牌,反而将柯达这个品牌名称冒险延伸到数字化产品领域 [Kodak Digital Science(柯达数字科学)]。

这样做毫无意义。首先,在市场上有太多的竞争对手,它们具有柯达所没有的数字化声誉。举几个例子:佳能、美能达、夏普、索尼及卡西欧。更重要的是,当一个全新的品类出现并发展起来时,全新的品牌必定是赢家。

当微电子产品在技术上具有生产可行性时,胜出的品牌不是通用电气、RCA(美国无线电公司)或者真力时(Zenith),而是索尼这个全新的品牌。

当录影带租赁被商业化实行后,胜出的品牌不是西尔斯、7-11或其他任何超级市场或百货连锁店,而是百视达这个全新的品牌。

当个人电脑进入办公领域时,胜出的品牌不是 IBM 公司、AT&T、ITT(美国国际电话电信公司)、惠普、德州仪器、Digital、优利系统(Unisys)、摩托罗拉、索尼、日立(Hitachi)、NEC(日本电气公司)、佳能或者夏普,而是戴尔这个全新的品牌。

"白林索"(Rinso White)和"蓝林索"(Rinso Blue)究竟怎么了?几乎没有一个肥皂品牌能够在洗涤剂时代生存下来。传统摄影品牌在数字化时代能够幸免于噩运吗?

拭目以待,不过,我们认为答案是否定的。

THE 22
IMMUTABLE
LAWS OF
BRANDING

第 22 章

独 特 定 律
The Law of Singularity

一个品牌最重要的特性就是它的独特性

什么是品牌？是你在潜在顾客心智中占据的独特概念或认知。它是如此简单，却又让人如此困惑。

- 雪佛兰是什么？一辆大的或小的、便宜的或昂贵的小轿车或卡车。

- 米勒是什么？一种常规啤酒、清淡啤酒、生啤、便宜的或昂贵的啤酒。

- 松下是什么？在过去，松下曾经是一台计算机、一台计算机打印机、一台传真机、扫描仪、电话、电视机、复印机等。

这些品牌都是因为丧失了独特性而导致面目全非。当然，由于它们的竞争对手产品线延伸的慷慨之举，它们还可以在市场上多维持几年。但不要犯这样的错误，独特性的丧失会削弱一个品牌的力量。

雅达利（Atari）是什么？雅达利过去是一个视频游戏，事实上也曾是视频游戏的领先品牌，然后雅达利试图生产计算机。

雅达利是什么？雅达利是一个由于丧失了独特性而不再有生命力的品牌。

正是独特性使得一个品牌能够在社会上发挥它最重要的功能。

品牌是什么？一个可以用来代替一个普通用词的专有名词。

- 一种进口啤酒，你可以说一杯喜力。

- 一块昂贵的瑞士手表，你可以说一只劳力士。

- 一种浓稠的意大利面调味料，你可以说一罐普雷格（Prego）。

- 一辆安全的小轿车，你可以说一辆沃尔沃。

- 一辆富有驾驶乐趣的汽车，你可以说一辆宝马。

品牌是什么？你在潜在顾客的心智中所拥有的独特概念或认知。

它是如此简单，又是如此困难。

附录 A 定位思想应用

定位思想

正在以下组织或品牌中得到运用

·长城汽车：品类聚焦打造全球盈利能力最强车企

以皮卡起家的长城汽车决定投入巨资进入现有市场更大的轿车市场，并于 2007 年推出首款轿车产品，市场反响冷淡，企业销售收入、利润双双下滑。2008 年，在定位理论的帮助下，通过研究各个品类的未来趋势与机会，长城确定了聚焦 SUV 的战略，新战略驱动长城重获竞争力，哈弗战胜日韩品牌，重新夺回中国市场 SUV 冠军宝座。2011 年至今，长城更是逆市增长，SUV 产品供不应求，销售增速及利润高居自主车企之首，利润率超过保时捷位居全球第一，连续三年成为全球盈利能力最强的车企。2009 年导入聚焦战略不到 5 年里，长城汽车股票市值增长超过 80 倍。

·老板：定位"大吸力"，摆脱长期拉锯战，油烟机市场一枝独秀

长期以来厨房家电中的两大品牌——老板与方太——之间的竞争呈现胶着状态，双方仅有零点几个百分点的差距。2012 年开始，老板进一步收缩业务焦点，聚焦"吸油烟机"，强化"大吸力"。根据中怡康零售监测数据显示，2013 年老板电器在吸油烟机市场的零售量和零售额份额同时卫冕。同时，由于企业聚焦的"光环效应"带动，老板灶具的销售额与销售量也双双夺冠，首次全面超越华帝灶具。2014 年第一季度，老板吸油烟机零售量市场份额达到 15.67%，领先第二名 36.02%；零售额市场份额达到 23.30%，领先第二名 17.31%。

- **新杰克缝纫机：聚焦"服务"与中小企业，缔造全球工业缝纫机领导品牌**

在经历连续三年下滑后，昔日工业缝纫机出口巨头杰克公司启动新的聚焦战略，进一步明确了"聚焦中档机型、聚焦中小服装企业客户、聚焦服务"的战略方向。在推动实施新战略后，新杰克公司 2013 年销售大幅上涨。当年工业缝纫机行业整体较上一年上涨 10% ~ 15%，而杰克公司上涨 110%。新战略推动杰克品牌重回全球工业缝纫机领导品牌的位置，杰克公司成为全球最大的工业缝纫机企业。

- **真功夫：新定位缔造中式快餐领导者**

以蒸饭起家的中式快餐品牌真功夫在进入北京、上海等地之后逐渐陷入发展瓶颈，问题店增加，增长乏力。在定位理论的帮助下，通过研究快餐品类分化趋势，真功夫厘清了自身最佳战略机会，聚焦于米饭快餐，成立"米饭大学"，打造"排骨饭"为代表品项，并以"快速"为定位指导内部运营以及店面选址。新战略使真功夫重获竞争力，拉开与竞争对手的差距，进一步巩固了中式快餐领导者的地位。

......

红云红河集团、鲁花花生油、芙蓉王香烟、长寿花玉米油、今麦郎方便面、白象方便面、爱玛电动车、王老吉凉茶、桃李面包、惠泉啤酒、燕京啤酒、美的电器、方太厨电、创维电器、九阳豆浆机、乌江涪陵榨菜……

•"棒！约翰"：以小击大，痛击必胜客

《华尔街日报》说"谁说小人物不能打败大人物"时，就是指"棒！约翰"以小击大，痛击必胜客的故事。里斯和特劳特帮助它把自己定位成一个聚焦原料的公司——更好的原料、更好的比萨，此举使"棒！约翰"在美国已成为公认最成功的比萨店之一。

•IBM：成功转型，走出困境

IBM 公司 1993 年巨亏 160 亿美元，里斯和特劳特先生将IBM 品牌重新定位为"集成计算机服务商"，这一战略使得 IBM成功转型，走出困境，2001 年的净利润高达 77 亿美元。

•莲花公司：绝处逢生

莲花公司面临绝境，里斯和特劳特将它重新定位为"群组软件"，用来解决联网电脑上的同步运算。此举使莲花公司重获生机，并凭此赢得 IBM 的青睐，以高达 35 亿美元的价格售出。

•西南航空：超越三强

针对美国航空的多级舱位和多重定价的竞争，里斯和特劳特将它重新定位为"单一舱级"的航空品牌，此举帮助西南航空从一大堆跟随者中脱颖而出，1997 年起连续五年被《财富》杂志评为"美国最值得尊敬的公司"。

......

惠普、宝洁、通用电气、苹果、汉堡王、美林、默克、雀巢、施乐、百事、宜家等《财富》500 强企业，"棒！约翰"、莲花公司、泽西联合银行、Repsol 石油、ECO 饮用水、七喜……

附录 B　企业家感言

经过这些年的发展，我的体会是：越是在艰苦的时候，越能看到品类聚焦的作用。长城汽车坚持走"通过打造品类优势提升品牌优势"之路，至少在 5 年内不会增加产品种类。

——长城汽车股份有限公司董事长　魏建军

在与里斯中国公司的多年合作中，我最大的感受是企业在不断矫正自己的战略定位、聚焦再聚焦，真的是一场持久战。

——长城汽车股份有限公司总裁　王凤英

我对定位理论并不陌生，本人经营企业多年，一直在有意识与无意识地应用定位、聚焦这些法则。通过这次系统学习，不但我自己得到了一次升华，而且更坚定了以后经营企业要运用品类战略理论，提升心智份额，提高市场份额。

——王老吉大健康产业总经理　徐文流

没听课程之前，以为品类课程和定位课程差不多，听了课程以后，发现还是有很大的不同。品类战略的方法和步骤更清晰、更容易应用。听了品类战略的课才知道怎么在企业里落实定位。

——杰克控股集团有限公司总裁　阮积祥

听完课后，困扰我多年没有想通的问题得到了解决，品类战略对我帮助真的非常大！

——西贝餐饮集团董事长　贾国龙

我读过很多国外营销、战略类图书，国内专家的书，我认为只有《品类战略》这本书的内容最值得推荐，因此，我推荐360公司的每位同事都要读。

——奇虎360公司董事长　周鸿祎

通过学习，我认识到：聚焦，打造超级单品的重要性，通过打造超级单品来提升企业的品牌力。品类战略是企业系统工程，能使企业从外而内各个环节相配称。

——今麦郎日清食品有限公司董事长　范现国

学习了品类战略之后，我对心智当中品类划分更清楚了，回去对产品就做了调整，取得了很好的效果，就这一点就值得500万元的咨询费。

——安徽宣酒集团董事长　李健

我很早就读过《定位》，主要的收获在观念上，在读了《品类战略》之后，我感觉这个理论是真正具备系统的操作性的。我相信（品类战略）这个方法是革命性的，它对创维集团的影响将在未来逐步显现出来。

——创维集团副总裁　杨东文

对于定位理论的理解，当时里斯中国公司的张云先生告诉我们一句话，一个企业不要考虑你要做什么，要考虑不要做什么。其实我理解定位，更多的是要放弃，放弃没有能力做到的，把精力集中到能够做到的地方，这样才有可能在有限的平台当中用你更多的资源去集中，做到相对竞争力的最大化。

——家有购物集团有限公司董事长　孔炯

我听过很多营销课，包括全球很多大公司的实战营销、品牌课程。里斯的品类战略是我近十年来听到的最好的营销课程！南孚聚焦战略的成功经验，是花了一亿多元的代价换回来的。所以，关于聚焦，我特别有共鸣。

——南孚电池营销总裁 刘荣海

我们非常欣赏和赞同里斯品类战略的思想，我们向每一个客户推荐里斯先生的《品牌的起源》，了解品类战略。我们也是按照品类战略的思想来选择投资的企业。

——今日资本总裁 徐新

这是一个少即是多、多即是少的时代，懂得舍弃，才有专一，只有占据人们心智中的"小格子"，才终成唯一。把一切不能让你成为第一的东西统统丢掉，秉怀这种魄力，抵抗内心的贪婪，忍痛割爱到达极致，专心做好一件事，才有可能开创一个品类，引领一个品牌，终获成功。

——猫人国际董事长 游林

经过30年的市场经济发展，现在我们回过头来再来看《品类战略》。一方面，它是对过去的提炼与总结；另一方面，它让我们更多地了解到我们的中国制造怎样才能变成中国创造。

——皇明集团董事长 黄鸣

接触了定位理论，对我触动很大，尤其是里斯先生的无私，把这么好的观念无私地奉献给企业。

——滇红集团董事长 王天权

三天的学习，最大的收获是：用聚焦思考定位，做企业就是做品牌大树，而不是品牌大伞或灌木。还有一个重要的启示是：战略由决策层领导制定。

——公牛集团董事长　阮立平

好多年前我就看过有关定位的书，这次与我们各个事业部的总经理一起来学习，让自己对定位的理念更清晰，理解更深刻，对立白集团的战略和各个品牌的定位明朗了很多。

——立白集团总裁　陈凯旋

消费者"心智"之真，企业、品牌"定位"之初，始于"品牌素养"之悟！

——乌江榨菜集团董事长兼总经理　周斌全

品类战略是对定位理论的发展，抓住了根本，更有实用性！很好，收获很大！

——白象食品股份有限公司执行总裁　杨冬云

课程前，我已对里斯品类战略进行了学习，并在企业中经营实践。这次学习的收获是：企业应该聚焦一个行业，甚至聚焦某一细分品类去突破。把有限的资源投入到别人的弱项以及自己的强项上去，这样才能解决竞争问题。

——莱克电气股份有限公司董事长　倪祖根

战略定位，简而不单，心智导师，品牌摇篮。我会带着定位的理念回到我们公司进一步消化，希望定位理论能够帮助我们公司发展。

——IBM（中国）公司合伙人　夏志红

定位思想最大的特点就是观点鲜明，直指问题核心，绝不同于学院派的观点。

——北药集团董事长　卫华诚

心智为王，归纳了我们品牌成长 14 年的历程，这是极强的共鸣；心智战略，指明了所有企业发展的正确方向，这是我们中国的福音；心智定位，对企业领导者提出了更高的要求，知识性企业的时代来临了。

——漫步者科技股份公司董事长　张文东

定位经典丛书

序号	ISBN	书名	作者
1	978-7-111-57797-3	定位（经典重译版）	（美）艾·里斯、杰克·特劳特
2	978-7-111-57823-9	商战（经典重译版）	（美）艾·里斯、杰克·特劳特
3	978-7-111-32672-4	简单的力量	（美）杰克·特劳特、史蒂夫·里夫金
4	978-7-111-32734-9	什么是战略	（美）杰克·特劳特
5	978-7-111-57995-3	显而易见（经典重译版）	（美）杰克·特劳特
6	978-7-111-57825-3	重新定位（经典重译版）	（美）杰克·特劳特、史蒂夫·里夫金
7	978-7-111-34814-6	与众不同（珍藏版）	（美）杰克·特劳特、史蒂夫·里夫金
8	978-7-111-57824-6	特劳特营销十要	（美）杰克·特劳特
9	978-7-111-35368-3	大品牌大问题	（美）杰克·特劳特
10	978-7-111-35558-8	人生定位	（美）艾·里斯、杰克·特劳特
11	978-7-111-57822-2	营销革命（经典重译版）	（美）艾·里斯、杰克·特劳特
12	978-7-111-35676-9	2小时品牌素养（第3版）	邓德隆
13	978-7-111-66563-2	视觉锤（珍藏版）	（美）劳拉·里斯
14	978-7-111-43424-5	品牌22律	（美）艾·里斯、劳拉·里斯
15	978-7-111-43434-4	董事会里的战争	（美）艾·里斯、劳拉·里斯
16	978-7-111-43474-0	22条商规	（美）艾·里斯、杰克·特劳特
17	978-7-111-44657-6	聚焦	（美）艾·里斯
18	978-7-111-44364-3	品牌的起源	（美）艾·里斯、劳拉·里斯
19	978-7-111-44189-2	互联网商规11条	（美）艾·里斯、劳拉·里斯
20	978-7-111-43706-2	广告的没落 公关的崛起	（美）艾·里斯、劳拉·里斯
21	978-7-111-56830-8	品类战略（十周年实践版）	张云、王刚
22	978-7-111-62451-6	21世纪的定位：定位之父重新定义"定位"	（美）艾·里斯、劳拉·里斯 张云
23	978-7-111-71769-0	品类创新：成为第一的终极战略	张云

彼得·德鲁克全集

推荐阅读

底层逻辑：看清这个世界的底牌

作者：刘润 著 ISBN：978-7-111-69102-0

为你准备一整套思维框架，助你启动"开挂人生"

底层逻辑2：理解商业世界的本质

作者：刘润 著 ISBN：978-7-111-71299-2

带你升维思考，看透商业的本质

进化的力量

作者：刘润 著 ISBN：978-7-111-69870-8

提炼个人和企业发展的8个新机遇，帮助你疯狂进化！

进化的力量2：寻找不确定性中的确定性

作者：刘润 著 ISBN：978-7-111-72623-4

抵御寒气，把确定性传递给每一个人